Léigh sa B... Leabhar C

Joanne Kett   Ellie Ní Mhurchú

Foilsithe ag
CJ Fallon
Bloc B – Urlár na Talún
Campas Oifige Gleann na Life
Baile Átha Cliath 22

An Chéad Eagrán Bealtaine 2014
An tEagrán seo Bealtaine 2022

ISBN: 978-0-7144-1998-5

© Joanne Kett agus Ellie Ní Mhurchú

I gcás corrcheann de na dánta sa leabhar seo, níor aimsíoipchirt. Cuirfear na gnáthshoscruithe I bhfeidhm, ach an t-eolas cuí a chur in iúl.

Mo Chorp le Máire Ní Dhonnabhán. Atáirgeadh le caoinchead an fhile.

Gach ceart ar cosaint.
Tá cosc ar aon chuid den fhoilseachán seo a atáirgeadh nó a tharchur, ar chuma ar bith nó trí mheán ar bith, pé acu trí mheán leictreonach nó meicniúil nó fótachóipeála nó trí mheán ar bith eile, gan cead an fhoilsitheora a fháil roimh ré.

> Tagann an stoc páipéir a úsáidtear san fhoilseachán seo ó fhoraoisí bainisitithe. Ciallaíonn sé seo go gcuirtear ar a laghad crann amháin do gach aon chrann a leagtar. Tá na dúigh a úsáidtear sa chlódóireacht neamhdhíobhálach don timpeallacht agus glasrúil.

Réamhrá

Nuachúrsa Gaeilge don bhunscoil is ea *Léigh sa Bhaile* ina bhfuil tús áite tugtha don taitneamh, don tuiscint agus don teanga.

Déantar é seo tríd an léitheoireacht neamhspleách, laethúil, chomh maith leis an gcaint agus leis an gcomhrá. Is scéim an-éasca le leanúint í don mhúinteoir, don tuismitheoir agus don scoláire féin.

I ngach leabhar, tá 120 leathanach de shleachta éagsúla léitheoireachta. Cloíonn na scéalta go dlúth leis na deich dtéama atá i gcuraclam na Gaeilge i modh oiriúnach agus baint acu le saol an pháiste féin. Clúdaítear gach téama go rialta agus go críochnúil don aoisghrúpa atá i gceist chun cabhrú le dul chun cinn na ndaltaí ó bhliain go bliain.

Gach oíche, seachas an Aoine, faigheann na páistí leathanach amháin le léamh agus an lá dar gcionn, fiosraíonn an múinteoir tuiscint an pháiste trí cheisteanna a chur ar an rang.

Spreagann sé seo comhrá ranga, comhrá beirte agus comhrá baile chomh maith, a chabhraíonn le dul chun cinn agus líofacht an pháiste sa teanga.

Déantar athdhéanamh straitéiseach i ngach leabhar agus de réir a chéile feicfidh tú go mbeidh foclóir agus frásaí in úsáid agat féin sa bhaile go rialta.

Introduction

Léigh sa Bhaile is a new series of Irish language books for primary school (from 1st to 6th class). They aim to develop reading fluency, comprehension skills and vocabulary development by encouraging *daily and independent* reading at home. Each book consists of 120 single page units, with a variety of styles and genres. Each of the ten themes of the curriculum is covered regularly to ensure development of the theme throughout the school year. These vibrant, interesting and modern books are designed to be easily used by teachers, parents and the children at each level.

The *Léigh sa Bhaile* series encourages daily reading practice, which is a key element in promoting literacy. It allows for consistency and constant progression from year to year. The series aims to develop not only the children's reading and comprehension skills, but their oral language skills also. It has a modern approach to learning and to developing the language. Parents will see that they are using words and phrases regularly at home.

How to use *Léigh sa Bhaile Leabhar C*

Children are assigned one page of reading for homework each day of the week, except Friday. The teacher can check the reading ability the following day by orally asking the questions provided on each page. Class discussion can also be used to help develop the oral language skills of the children.

Clár

Seachtain	Lá		Téama	Leathanach
1	1	Lúsaí	Mé Féin	1
	2	Cian	Mé Féin	2
	3	Scoil Naomh Áine	An Scoil	3
	4	Is Fearr Liom …	Bia	4
2	1	Clár Teilifíse	An Teilifís	5
	2	Siopa Leabhar	Siopadóireacht	6
	3	Bróga Nua!	Éadaí	7
	4	Is Páiste Beag Mise	Mé Féin	8
3	1	Samhradh Beag	An Aimsir	9
	2	An bhFuil Caitheamh Aimsire Agat?	Caitheamh Aimsire	10
	3	Níos Sine/Níos Óige	Sa Bhaile	11
	4	Cá bhFuil tú i do Chónaí?	Sa Bhaile	12
4	1	Ag Obair	An Scoil	13
	2	Mothúcháin	Mé Féin	14
	3	An Teilifís	An Teilifís	15
	4	Ionad Siopadóireachta	Siopadóireacht	16
5	1	Rómhór/Róbheag	Éadaí	17
	2	An Aimsir in Éirinn	An Aimsir	18
	3	Ag Scipeáil sa Chlós	Caitheamh Aimsire	19
	4	Ar Maidin	Mé Féin	20
6	1	Seomra Codlata Salach	Sa Bhaile	21
	2	Ceolfhoireann	An Scoil	22
	3	Tíortha agus Bia	Bia	23
	4	Scannán	An Teilifís	24

Seachtain	Lá		Téama	Leathanach
7	1	Cá bhFuil Joey?	Siopadóireacht	25
	2	Siopa Gailf!	Éadaí	26
	3	Tabhair dom …	Mé Féin	27
	4	Dúisigh!	Sa Bhaile	28
8	1	Laethanta Speisialta 1	Caitheamh Aimsire	29
	2	Rím Coirí	Ócáidí Speisialta	30
	3	Feicim le mo Shúilín Beag	Ócáidí Speisialta	31
	4	Anraith Meall Súile	Ócáidí Speisialta	32
9	1	Ag Marcaíocht	Caitheamh Aimsire	33
	2	Mo Chlann Mhór	Mé Féin	34
	3	Litir Chuig Sorcha	Sa Bhaile	35
	4	Noah Bocht!	An Scoil	36
10	1	Píotsa Liamháis	Bia	37
	2	Laethanta Speisialta 2	Caitheamh Aimsire	38
	3	An Nuacht	An Teilifís	39
	4	Siopa Dhá Euro	Siopadóireacht	40
11	1	Na Séasúir	An Aimsir	41
	2	An Leanbh Nua!	Ócáidí Speisialta	42
	3	Feis	Caitheamh Aimsire	43
	4	Mamó	Mé Féin	44
12	1	Peata Nua	Sa Bhaile	45
	2	Skype go dtí an Astráil	Sa Bhaile	46
	3	Anraith Glasraí	Bia	47
	4	Cluiche	An Aimsir	48
13	1	Céard atá uait?	Siopadóireacht	49
	2	Éadaí Salacha	Éadaí	50
	3	Lá Fuar Geimhridh!	An Aimsir	51
	4	An Rinc Oighir	Caitheamh Aimsire	52
14	1	Cuairt Aintín Máire	Sa Bhaile	53
	2	Lá Gan Éide Scoile	Éadaí	54
	3	Aonach Saothair	An Scoil	55
	4	Bualadh Bos	Ócáidí Speisialta	56

CLÁR

Seachtain	Lá		Téama	Leathanach
15	1	Maisiúcháin na Nollag	Ócáidí Speisialta	57
	2	Ag Maisiú Crann Nollag	Ócáidí Speisialta	58
	3	Ag an Doras	Ócáidí Speisialta	59
	4	Oíche Nollag	Ócáidí Speisialta	60
16	1	Cá bhFuil …?	Sa Bhaile	61
	2	Scoil Nua	An Scoil	62
	3	Eala ag an gCé	Bia	63
	4	Clár Ceoil Greannmhar	An Teilifís	64
17	1	Ar an Traein	Mé Féin	65
	2	Sa Chlós	An Scoil	66
	3	Is Maith Le	Mé Féin	67
	4	Dílis Dána	Sa Bhaile	68
18	1	Litir Chuig Mamó	Bia	69
	2	Iompar	Mé Féin	70
	3	An Phictiúrlann	An Aimsir	71
	4	Póca Piota	Bia	72
19	1	Éadaí Tirime!	Éadaí	73
	2	Na Coillte	Caitheamh Aimsire	74
	3	Foireann na Scoile	An Scoil	75
	4	Breithlá Mhamaí	Sa Bhaile	76
20	1	In Aice, Roimh, Thar …	An Aimsir	77
	2	Lá Eolaíochta	An Scoil	78
	3	Cácaí le Mamó	Sa Bhaile	79
	4	Clár Teilifíse Bhócó	An Teilifís	80
21	1	Mo Mhaidin	Mé Féin	81
	2	Faoin Tuath!	Caitheamh Aimsire	82
	3	Club Leabhar	Caitheamh Aimsire	83
	4	Aonach Cásca!	Ócáidí Speisialta	84
22	1	Tóraíocht Taisce	Ócáidí Speisialta	85
	2	Pancóga	Bia	86
	3	Cuairt ar Mhamó agus Dhaideo	Ócáidí Speisialta	87
	4	Boinéid Chásca	Ócáidí Speisialta	88

Seachtain	Lá		Téama	Leathanach
23	1	Mo Liathróidín Donn	Caitheamh Aimsire	89
	2	Fear Bréige	Éadaí	90
	3	Cárta Poist	An Aimsir	91
	4	Ar Líne	Siopadóireacht	92
24	1	Mo Chorp	Mé Féin	93
	2	Moncaí agus an Banana	Bia	94
	3	Bróga Reatha Nua	Éadaí	95
	4	Scrúdú Mata	An Scoil	96
25	1	Am Lóin	An Scoil	97
	2	Clár Dúlra	An Teilifís	98
	3	Bróga Peile Nua	Éadaí	99
	4	Fliuch Báite	An Aimsir	100
26	1	Fuinneog Bhriste	Sa Bhaile	101
	2	A Mhamaí …	Caitheamh Aimsire	102
	3	Tornádó Jean	An Aimsir	103
	4	An Deireadh Seachtaine	Sa Bhaile	104
27	1	Úlla	Bia	105
	2	Cuireadh Breithe	Ócáidí Speisialta	106
	3	Ag Péinteáil	Caitheamh Aimsire	107
	4	An Gairdín Scoile	An Scoil	108
28	1	An Samhradh	An Aimsir	109
	2	Clár Taistil	An Teilifís	110
	3	Saoire ar an Idirlíon	Siopadóireacht	111
	4	Éadaí Samhraidh	Éadaí	112
29	1	Sa Samhradh	An Aimsir	113
	2	Mála Taistil	Éadaí	114
	3	Ceolchoirm na Scoile	An Scoil	115
	4	San Aerfort	Ócáidí Speisialta	116
30	1	Pacáiste sa Phost	Sa Bhaile	117
	2	Cloisim le mo Chluasa	Mé Féin	118
	3	Turas Campála	Caitheamh Aimsire	119
	4	Saoire an tSamhraidh	Ócáidí Speisialta	120

Cian

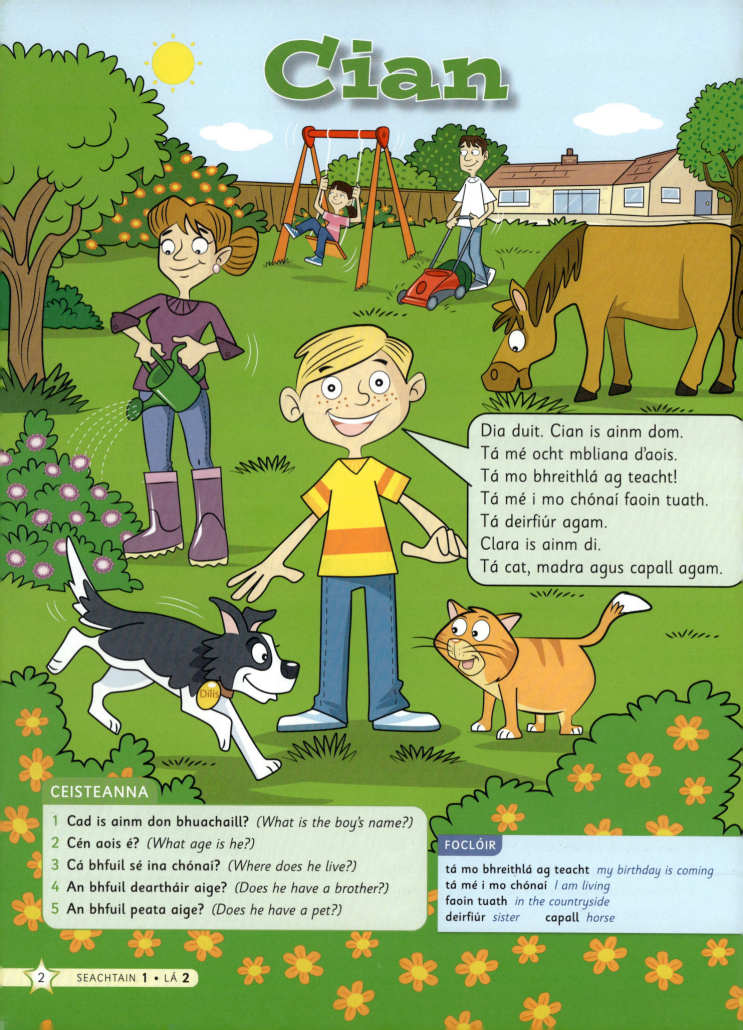

Dia duit. Cian is ainm dom.
Tá mé ocht mbliana d'aois.
Tá mo bhreithlá ag teacht!
Tá mé i mo chónaí faoin tuath.
Tá deirfiúr agam.
Clara is ainm di.
Tá cat, madra agus capall agam.

CEISTEANNA

1. Cad is ainm don bhuachaill? (What is the boy's name?)
2. Cén aois é? (What age is he?)
3. Cá bhfuil sé ina chónaí? (Where does he live?)
4. An bhfuil deartháir aige? (Does he have a brother?)
5. An bhfuil peata aige? (Does he have a pet?)

FOCLÓIR

tá mo bhreithlá ag teacht *my birthday is coming*
tá mé i mo chónaí *I am living*
faoin tuath *in the countryside*
deirfiúr *sister*   capall *horse*

Scoil Naomh Áine

"Seo í mo scoil, Scoil Naomh Áine. Tá mé i rang a trí. Seo í mo mhúinteoir. Iníon Ní Riain is ainm di."

"Seo í an oifig. Seo é an príomhoide. An tUasal Bairéid is ainm dó. Seo é an halla. Seo é an clós. Ó féach, am lóin atá ann. Slán!"

CEISTEANNA

1. **Cad is ainm don scoil?** *(What is the name of the school?)*
2. **Cén rang ina bhfuil Lúsaí?** *(What class is Lúsaí in?)*
3. **Cad is ainm don mhúinteoir?** *(What is the teacher's name?)*
4. **Cad is ainm don phríomhoide?** *(What is the principal's name?)*
5. **Cén t-am é?** *(What time is it?)*

FOCLÓIR

Naomh *Saint*
Iníon Ní Riain *Miss Ryan*
An tUasal Bairéid *Mr Barrett*
an halla *the hall*   **an clós** *the yard*
am lóin *lunchtime*

SEACHTAIN 1 • LÁ 3

Clár Teilifíse

Cén clár teilifíse is fearr leat?

'Cén clár teilifíse is fearr leat?' a dúirt an múinteoir. 'Is maith liom cláir ghrinn, ach is fearr liom cláir spóirt!' arsa Kate.

'Cén clár teilifíse is fearr leat?' a dúirt an múinteoir. 'Is maith liom cláir dhúlra, ach is fearr liom cláir chócaireachta,' arsa Oisín.

'Cén clár teilifíse is fearr leat?' a dúirt an múinteoir. 'Is maith liom cartúin, ach is fearr liom sobaldrámaí,' arsa Dara.

CEISTEANNA

1. Cén cheist a chuir an múinteoir?
   (What question did the teacher ask?)
2. Cén freagra a thug Kate?
   (What answer did Kate give?)
3. Cén freagra a thug Oisín?
   (What answer did Oisín give?)
4. Cén freagra a thug Dara?
   (What answer did Dara give?)
5. Cén clár teilifíse is fearr leat?
   (What is your favourite TV programme?)

FOCLÓIR

clár teilifíse TV programme
is fearr leat? do you prefer?
ach is fearr liom but I prefer
clár grinn comedy programme
clár spóirt sports programme
clár dúlra nature programme
clár cócaireachta cookery programme
cartún cartoon
sobaldrámaí soap operas

Siopa Leabhar

Tá leabhar nua ag teastáil ó Rónán. Téann sé go dtí an siopa leabhar.

Tá gach saghas leabhair ann.

Piocann sé an leabhar *Harry Potter*. Tugann sé an t-airgead don siopadóir.

Téann Rónán abhaile sona sásta.

CEISTEANNA

1. **Cad atá ag teastáil ó Rónán?** (What does Rónán want?)
2. **Cá dtéann sé?** (Where does he go?)
3. **Cén saghas leabhair atá ann?** (What type of books are there?)
4. **Cén leabhar a phiocann sé?** (What book does he pick?)
5. **Cad a thugann sé don siopadóir?** (What does he give the shopkeeper?)

FOCLÓIR

leabhar nua *new book*   ag teastáil *wanted*
téann sé *he goes*
Tá gach saghas leabhair ann *Every type of book is there*
piocann sé *he picks*   tugann sé *he gives*
siopadóir *shopkeeper*

SEACHTAIN 2 • LÁ 2

Bróga Nua!

Is breá le Sadie a bróga nua. Is bróga dearga iad.

Caitheann sí ar scoil iad!

Caitheann sí ag damhsa iad!

Caitheann sí sa leaba iad!

Fiú caitheann sí sa folcadán iad!

Tá fearg ar Mhamaí.

CEISTEANNA

1. An maith le Sadie a bróga nua? *(Does Sadie like her new shoes?)*
2. Cén saghas bróga iad? *(What kind of shoes are they?)*
3. Cá gcaitheann sí na bróga? *(Where does she wear the shoes?)*
4. An bhfuil fearg ar Mhamaí? *(Is Mammy angry?)*

FOCLÓIR

bróga nua *new shoes*
caitheann sí *she wears*
fiú caitheann sí *she even wears*
sa folcadán *in the bath*

SEACHTAIN 2 • LÁ 3

Is Páiste Beag Mise

Is páiste beag mise,
ag bualadh bos.
Is maith liom súgradh,
is maith liom sos.
Tá mé i mo sheasamh,
tá mé i mo shuí.
Tá mé i mo chodladh,
tá mé i mo luí.

GNÍOMH

Foghlaim an dán. (*Learn the poem.*)

FOCLÓIR

is páiste beag mise *I am a little child*		
ag bualadh bos *clapping*	súgradh *playing*	sos *break*
i mo sheasamh *standing*	i mo shuí *sitting*	
i mo chodladh *sleeping*	i mo luí *resting*	

Samhradh Beag

Mí Mheán Fómhair a bhí ann, ach bhí an aimsir go breá fós.
Bhí an ghrian ag taitneamh.
Ní raibh scamall sa spéir.
Bhí sé an-te.
Bhí T-léinte agus brístí gearra ar na páistí.
Bhí iontas agus áthas ar gach duine.

CEISTEANNA

1. Cén mhí a bhí ann? *(What month was it?)*
2. Cén sórt aimsire a bhí ann? *(What sort of weather was it?)*
3. An raibh scamall sa spéir? *(Was there a cloud in the sky?)*
4. An raibh sé an-te? *(Was it very hot?)*
5. An raibh iontas ar gach duine? *(Was everyone surprised?)*

FOCLÓIR

Meán Fómhair *September*
bhí an aimsir *the weather was*
go breá fós *still fine*   an ghrian *the sun*
ag taitneamh *shining*   scamall *cloud*
brístí gearra *shorts*   iontas *surprise*

SEACHTAIN 3 • LÁ 1

An bhFuil Caitheamh Aimsire Agat?

Tá sé a deich a chlog ar maidin.
Tá na páistí ag obair go dian.
Ceacht Gaeilge atá ar siúl.
'Cuir ceist ar do chara,' arsa an múinteoir.

An bhfuil caitheamh aimsire agat?

Tá, is maith liom a bheith ag damhsa.

An bhfuil caitheamh aimsire agat?

Tá, is maith liom a bheith ag imirt iománaíochta.

An-mhaith.

CEISTEANNA

1 **Cén t-am é?** (What time is it?)
2 **An bhfuil na páistí ag súgradh?** (Are the children playing?)
3 **Cad atá ar siúl?** (What is going on?)
4 **An bhfuil caitheamh aimsire ag Ruby?** (Does Ruby have a hobby?)
5 **An bhfuil caitheamh aimsire ag Callum?** (Does Callum have a hobby?)

FOCLÓIR

An bhfuil caitheamh aimsire agat? *Do you have a hobby?*
ar maidin *in the morning*   **ag obair go dian** *hard at work*
ceacht Gaeilge *Irish lesson*
is maith liom a bheith ag *I like to*   **ag damhsa** *dancing*
ag imirt iománaíochta *playing hurling*

Níos Sine/Níos Óige

Tá Mamó níos sine ná Daidí.
Tá Daidí níos sine ná Mamaí.
Tá Mamaí níos óige ná Daidí.
Tá Claire níos sine ná Emma.
Is í Emma an duine is óige sa chlann.

CEISTEANNA

1 An bhfuil Mamó níos óige ná Daidí? *(Is Granny younger than Daddy?)*
2 An bhfuil Daidí níos sine ná Mamaí? *(Is Daddy older than Mammy?)*
3 An bhfuil Claire níos sine ná Emma? *(Is Claire older than Emma?)*
4 Cé hí an duine is óige sa chlann? *(Who is the youngest person in the family?)*
5 Cé hí an duine is sine sa chlann? *(Who is the oldest person in the family?)*

FOCLÓIR

Mamó *Granny*
níos sine *older*
níos óige *younger*
is óige *youngest*
is sine *oldest*

Cá bhFuil tú i do Chónaí?

Tá Ruby ina cónaí i mbungaló.

Tá Max ina chónaí i dteach dhá stór.

Tá Callum ina chónaí i dteach scoite.

Tá Lúsaí ina cónaí i dteach leathscoite.

Tá Iníon Ní Riain ina cónaí in árasán.

CEISTEANNA

1. Cá bhfuil Ruby ina cónaí? *(Where does Ruby live?)*
2. Cá bhfuil Max ina chónaí? *(Where does Max live?)*
3. Cá bhfuil Callum ina chónaí? *(Where does Callum live?)*
4. Cá bhfuil Lúsaí ina cónaí? *(Where does Lúsaí live?)*
5. Cá bhfuil Iníon Ní Riain ina cónaí? *(Where does Ms Ryan live?)*

FOCLÓIR

i mbungaló *in a bungalow*
i dteach dhá stór *in a two storey house*
i dteach scoite *in a detached house*
i dteach leathscoite *in a semi-detached house*
in árasán *in an apartment*

Ag Obair

Oibríonn a lán daoine éagsúla i mo scoil.

Is í Bean Uí Scot an príomhoide.

Is í Maria an rúnaí.

Is é Joe an glantóir.

Is í Síle an t-airíoch.

Agus is iad seo na múinteoirí!

CEISTEANNA

1. Cé mhéad duine a oibríonn sa scoil? *(How many people work in the school?)*
2. Cé hí Bean Uí Scot? *(Who is Mrs Scott?)*
3. Cé hí Maria? *(Who is Maria?)*
4. Cé hé Joe? *(Who is Joe?)*
5. Cé hí Síle? *(Who is Síle?)*

FOCLÓIR

oibríonn *work(s)* **a lán** *a lot*
daoine éagsúla *different people*
an príomhoide *the principal* **an rúnaí** *the secretary*
an glantóir *the cleaner* **an t-airíoch** *the caretaker*

SEACHTAIN 4 • LÁ 1

Mothúcháin

Tá tuirse ar Ailbhe.

Tá áthas ar Eva.

Tá fearg ar Úna.

Tá imní ar Aaron.

Tá brón ar Íde.

Tá náire ar Niall.

Tá sceitimíní ar Chormac.

Tá eagla ar Liam.

CEISTEANNA

1. Conas a mhothaíonn Ailbhe? *(How does Ailbhe feel?)*
2. Conas a mhothaíonn Úna? *(How does Úna feel?)*
3. Conas a mhothaíonn Aaron? *(How does Aaron feel?)*
4. Conas a mhothaíonn Niall? *(How does Niall feel?)*
5. Conas a mhothaíonn Cormac? *(How does Cormac feel?)*

FOCLÓIR

Tá tuirse orm *I am tired*
Tá áthas orm *I am happy*
Tá náire orm *I am ashamed*
Tá eagla orm *I am scared*
Tá sceitimíní orm *I am excited*
Tá fearg orm *I am angry*
Tá imní orm *I am worried*
Tá brón orm *I am sad*

SEACHTAIN 4 • LÁ 2

An Teilifís

Bhí Mamaí agus Daidí ag caint leis na páistí.
'Ar fhéach tú ar an teilifís aréir?' arsa Mamaí.
'D'fhéach mé ar scannán. Thaitin sé go mór liom,' arsa an mac.
'Níor fhéach mé ar an teilifís aréir,' arsa an iníon.
'Cén fáth?' arsa Daidí.
'Is fearr liom an raidió ná an teilifís,' arsa an iníon.

CEISTEANNA

1 Cé a bhí ag caint leis na páistí?
   (Who was talking to the children?)
2 Cad air ar fhéach an mac?
   (What did the son watch?)
3 Ar thaitin sé leis? *(Did he like it?)*
4 Ar fhéach an iníon ar an teilifís?
   (Did the daughter watch TV?)
5 Cén fáth? *(Why?)*

FOCLÓIR

ag caint *talking*	ar fhéach tú? *did you look?*	aréir *last night*
thaitin sé go mór liom *I really enjoyed it*		
mac *son*	iníon *daughter*	is fearr liom *I prefer*

Ionad Siopadóireachta

Dé Domhnaigh atá ann.
Is lá fuar, báistí é.
Téann an chlann go dtí an t-ionad siopadóireachta.

Téann Mamaí go dtí an gruagaire.

Téann Daidí go dtí an caifé.

Téann an mac go dtí an siopa sladmhargaidh.

Téann an iníon go dtí an siopa ealaíne.

CEISTEANNA

1. Cén lá atá ann? *(What day is it?)*
2. Cá dtéann an chlann? *(Where does the family go?)*
3. Cá dtéann Mamaí? *(Where does Mammy go?)*
4. Cá dtéann Daidí? *(Where does Daddy go?)*
5. Cá dtéann an iníon? *(Where does the daughter go?)*

FOCLÓIR

ionad siopadóireachta *shopping centre*
Dé Domhnaigh *Sunday* báistí *rainy*
téann *goes* gruagaire *hairdressers*
siopa sladmhargaidh *bargain shop*
siopa ealaíne *art shop*

Rómhór/Róbheag

CEISTEANNA

1. **An bhfuil an cóta róbheag?** (Is the coat too small?)
2. **An bhfuil an cóta rómhór?** (Is the coat too big?)
3. **An bhfuil an hata róbheag?** (Is the hat too small?)
4. **An bhfuil an gúna go hálainn?** (Is the dress lovely?)

FOCLÓIR

rómhór *too big*   róbheag *too small*
go hálainn *lovely*

SEACHTAIN **5** • LÁ **1**

An Aimsir in Éirinn

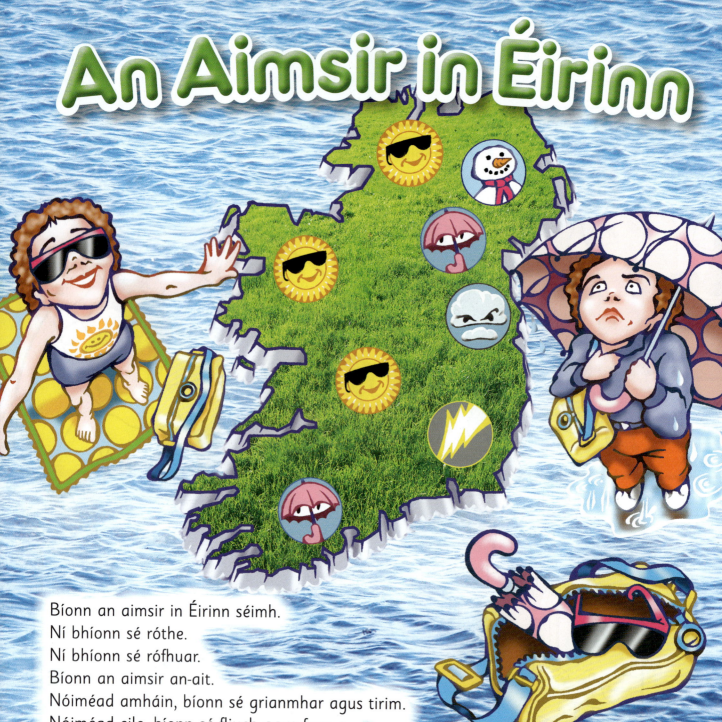

Bíonn an aimsir in Éirinn séimh.
Ní bhíonn sé róthe.
Ní bhíonn sé rófhuar.
Bíonn an aimsir an-ait.
Nóiméad amháin, bíonn sé grianmhar agus tirim.
Nóiméad eile, bíonn sé fliuch agus fuar.
Bíonn scáth báistí agus spéaclaí gréine i mo mhála gach lá agam.

CEISTEANNA

1. An mbíonn an aimsir in Éirinn séimh? *(Is the weather in Ireland mild?)*
2. An mbíonn an aimsir róthe? *(Is the weather too hot?)*
3. An mbíonn an aimsir an-ait? *(Is the weather very strange?)*
4. Cad a bhíonn ina mála gach lá aici? *(What is in her bag every day?)*

FOCLÓIR

séimh *mild*
róthe *too hot*
rófhuar *too cold*
nóiméad amháin *one minute*
scáth báistí *umbrella*
spéaclaí gréine *sunglasses*
i mo mhála *in my bag*

Ag Scipeáil sa Chlós

Lá geal agus tirim a bhí ann.
Bhí an ghrian go hard sa spéir.
Bhí na páistí amuigh sa chlós.
Bhí a lán daoine ag scipeáil.
Bhí siad ag canadh agus ag léim arís is arís.
Is breá le gach duine a bheith ag scipeáil!

CEISTEANNA

1. Cén sórt lae a bhí ann? *(What sort of day was it?)*
2. Cá raibh na páistí? *(Where were the children?)*
3. An raibh a lán páistí ag rith? *(Were a lot of children running?)*
4. Cad a bhí siad ag déanamh? *(What were they doing?)*

FOCLÓIR

lá geal agus tirim *a bright and dry day*
go hard *high*
amuigh sa chlós *in the yard*
ag canadh *singing*
ag scipeáil *skipping*
arís is arís *again and again*

Ar Maidin

D'éirigh mé ar a hocht a chlog.

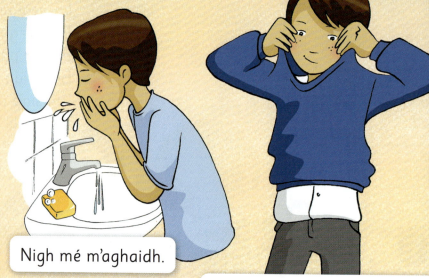

Nigh mé m'aghaidh.

Chuir mé m'éadaí scoile orm.

D'ith mé leite agus mil.

Ghlan mé mo chuid fiacla.

Shiúil mé ar scoil ar a leathuair tar éis a hocht.

CEISTEANNA

1. Cén t-am a d'éirigh an buachaill? *(What time did the boy get up at?)*
2. Ar nigh sé a chuid gruaige? *(Did he wash his hair?)*
3. Cad a chuir sé air? *(What did he put on?)*
4. Cad a d'ith sé? *(What did he eat?)*
5. Cathain a shiúil sé ar scoil? *(When did he walk to school?)*

FOCLÓIR

d'éirigh mé *I got up*
nigh mé *I washed*
leite *porridge*
mil *honey*
ghlan mé *I cleaned*
leathuair tar éis *half past*

Seomra Codlata Salach

Is mise Anna.
Sin í mo dheirfiúr. Rosa is ainm di.
Seo é ár seomra codlata.
Bíonn mo thaobh den seomra an-ghlan.
Bíonn taobh Rosa an-salach.
Bíonn éadaí agus bréagáin i ngach áit.
Is fuath liom é!

CEISTEANNA

1 Cad is ainm do dheirfiúr Anna? *(What is Anna's sister's name?)*
2 Cé leis an seomra codlata? *(Whose is the bedroom?)*
3 An mbíonn taobh Rosa glan nó salach? *(Is Rosa's side clean or dirty?)*
4 Cad a bhíonn i ngach áit? *(What is everywhere?)*
5 An maith le hAnna é sin? *(Does Anna like that?)*

FOCLÓIR

seomra codlata *bedroom*
salach *dirty/messy*
bíonn mo thaobh *my side is*
an-ghlan *very clean*
an-salach *very dirty/messy*
éadaí *clothes*
bréagáin *toys*
i ngach áit *everywhere*
Is fuath liom é *I hate it*

SEACHTAIN 6 • LÁ 1

Ceolfhoireann

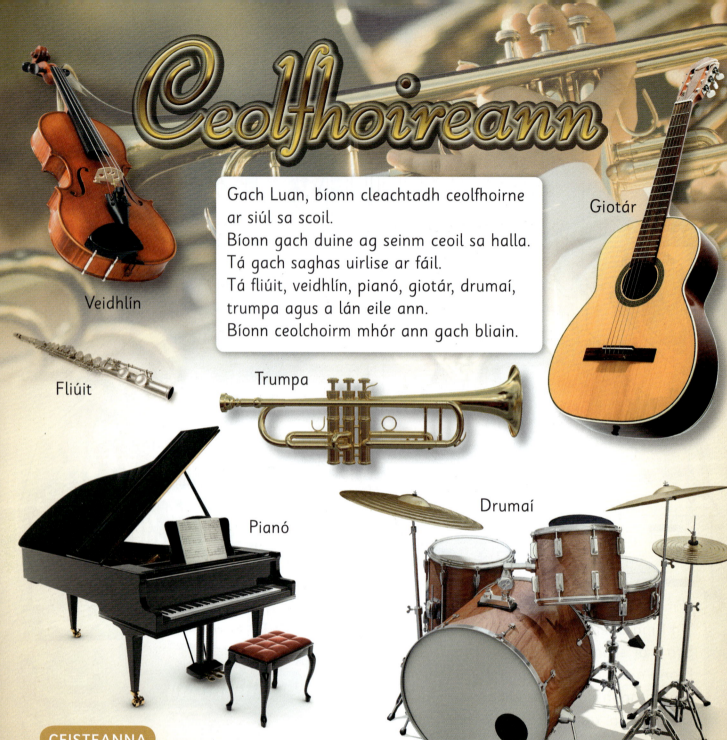

Gach Luan, bíonn cleachtadh ceolfhoirne ar siúl sa scoil.
Bíonn gach duine ag seinm ceoil sa halla.
Tá gach saghas uirlise ar fáil.
Tá fliúit, veidhlín, pianó, giotár, drumaí, trumpa agus a lán eile ann.
Bíonn ceolchoirm mhór ann gach bliain.

Veidhlín
Giotár
Fliúit
Trumpa
Pianó
Drumaí

CEISTEANNA

1. **Cad a bhíonn ar siúl gach Luan?**
   (What is on every Monday?)
2. **Cad a bhíonn ar siúl sa halla?**
   (What is happening in the hall?)
3. **Cén saghas uirlise atá ann?**
   (What type of instruments are there?)
4. **An mbíonn ceolchoirm mhór ann gach bliain?**
   (Is there a big concert on every year?)

FOCLÓIR

ceolfhoireann *orchestra*	gach Luan *every Monday*
cleachtadh *rehearsal*	ag seinm ceoil *playing music*
uirlise *instrument*	fliúit *flute* veidhlín *violin*
pianó *piano* giotár *guitar*	trumpa *trumpet*
a lán eile *many other*	gach bliain *every year*

Tíortha agus Bia

Paella

Curaí agus rís

Itheann daoine i dtíortha éagsúla bianna éagsúla.
Sa Spáinn, itheann daoine paella agus tapas.
San Iodáil, itheann daoine pasta agus píotsa.
Sa Fhrainc, itheann daoine seilidí nó cáis agus arán.
Sa tSeapáin, itheann daoine sushi agus rís.
San India, itheann daoine curaí agus rís.

Rís

Pasta

Sushi

Píotsa

Seilidí

Cáis agus arán

Tapas

CEISTEANNA

1. An itheann daoine i dtíortha éagsúla bianna éagsúla?
   (Do people in different countries eat different foods?)
2. Céard a itheann daoine sa Spáinn?
   (What do people eat in Spain?)
3. Céard a itheann daoine san Iodáil?
   (What do people eat in Italy?)
4. Céard a itheann daoine sa Fhrainc?
   (What do people eat in France?)
5. Céard a itheann daoine san India?
   (What do people eat in India?)

FOCLÓIR

tíortha éagsúla *different countries*
bianna éagsúla *different foods*
itheann daoine *people eat*
seilidí *snails*   an tSeapáin *Japan*
curaí *curry*   rís *rice*

Scannán

Oíche Dé Sathairn a bhí ann.
Chuaigh an chlann ar fad go dtí an siopa DVD.
Fuair siad scannán agus boscaí grán rósta sa siopa DVD.
Ansin chuaigh siad go dtí an siopa.
Cheannaigh siad deochanna agus milseáin.
Chuaigh siad abhaile sa charr.

CEISTEANNA

1. **Cén lá a bhí ann?** *(What day was it?)*
2. **Cá ndeachaigh an chlann?** *(Where did the family go?)*
3. **Céard a fuair siad sa siopa DVD?**
   (What did they get in the DVD shop?)
4. **Céard a cheannaigh siad sa siopa?**
   (What did they buy in the shop?)
5. **An ndeachaigh siad abhaile sa charr?**
   (Did they go home in the car?)

FOCLÓIR

Oíche Dé Sathairn *Saturday night*
ar fad *all*   **siopa DVD** *DVD shop*
fuair siad *they got*
boscaí grán rósta *boxes of popcorn*
deochanna *drinks*   **milseáin** *sweets*

SEACHTAIN 6 • LÁ 4

Cá bhFuil Joey?

Tá Lúsaí, a mamaí agus a deartháir Joey san ollmhargadh. Tá Lúsaí agus a mamaí ag caint. Feiceann Joey cluiche nua.

Tar éis cúpla nóiméad, casann Mamaí timpeall.

Cá bhfuil Joey?

Níl a fhios agam, a Mhamaí.

Joey! Joey!

Joey! Joey!

Joey! Joey!

Ó, a Joey, cá raibh tú?

Cá raibh **tú**, a Mhamaí?

CEISTEANNA

1. Cá bhfuil Lúsaí? *(Where is Lúsaí?)*
2. An bhfuil Daidí san ollmhargadh? *(Is Daddy in the supermarket?)*
3. Cad a fheiceann Joey? *(What did Joey see?)*
4. An bhfuil a fhios ag Lúsaí cá bhfuil Joey? *(Does Lúsaí know where Joey is?)*

FOCLÓIR

feiceann Joey — *Joey sees*
cluiche nua — *a new game*
tar éis cúpla nóiméad — *after a few minutes*
casann Mamaí timpeall — *Mammy turns around*
níl a fhios agam — *I don't know*
Cá raibh tú? — *Where were you?*

Siopa Gailf!

An Satharn a bhí ann.
Bhí Daidí ag siopadóireacht.

Bhí áthas an domhain air mar bhí sé sa siopa gailf.

Is breá leis galf.

Cheannaigh sé geansaí, bríste, liathróidí gailf agus mála gailf.
Chuaigh sé abhaile go sona sásta.

CEISTEANNA

1. Cén lá a bhí ann? *(What day was it?)*
2. Cé a bhí ag siopadóireacht? *(Who was shopping?)*
3. An raibh áthas ar Dhaidí? Cén fáth? *(Was Daddy happy? Why?)*
4. Cad a cheannaigh sé? *(What did he buy?)*

FOCLÓIR

siopa gailf *golf shop*
bríste *trousers*
liathróidí gailf *golf balls*
mála gailf *golf bag*

Tabhair dom ...

mé	tú	sé	sí	sinn	sibh	siad
dom	duit	dó	di	dúinn	daoibh	dóibh

'Tabhair dom do chóipleabhar,' arsa an múinteoir.
'Seo duit mo chóipleabhar,' arsa Leah.

Thug Cian bronntanas do Mhamaí.
Thug Mamaí póg dó.

Thug an múinteoir bualadh bos dúinn.

Dia daoibh!

Seo iad mo chairde.
Thug mé úlla dóibh.

CEISTEANNA

1 **Cad a dúirt an múinteoir?** *(What did the teacher say?)*
2 **Cad a dúirt Leah?** *(What did Leah say?)*
3 **Ar thug Cian bronntanas do Dhaidí?**
   (Did Cian give a present to Daddy?)
4 **Ar thug an cailín úlla dóibh?** *(Did the girl give them apples?)*

FOCLÓIR

tabhair dom *give me*
thug Cian *Cian gave*
thug an múinteoir bualadh bos dúinn
the teacher gave us a round of applause
thug mé úlla dóibh *I gave them apples*

Laethanta Speisialta 1

Mionna na bliana	Dáta	
Mí Eanáir	23ú	*Lá Náisiúnta na Peannaireachta*
Mí Feabhra	10ú	*Lá Náisiúnta na Scáthanna Báistí*
Mí an Mhárta	2ú	*Lá Náisiúnta na Seanrudaí*
Mí Aibreáin	27ú	*Lá Náisiúnta na Scéalaíochta*
Mí na Bealtaine	10ú	*Lá Náisiúnta 'Glan do Sheomra Codlata'*
Mí an Mheithimh	6ú	*Lá Náisiúnta na Múinteoirí*

CEISTEANNA

Ceist: Cén dáta é …?   Freagra: An dáta ná …

1. Cén dáta é Lá Náisiúnta na Peannaireachta?
   (What date is National Handwriting Day?)
2. Cén dáta é Lá Náisiúnta na Scáthanna Báistí?
   (What date is National Umbrella Day?)
3. Cén dáta é Lá Náisiúnta na Seanrudaí?
   (What date is National Old Stuff Day?)
4. Cén dáta é Lá Náisiúnta na Múinteoirí?
   (What date is National Teachers' Day?)

FOCLÓIR

laethanta speisialta *special days*
lá náisiúnta *national day*   peannaireacht *handwriting*
scáthanna báistí *umbrellas*
seanrudaí *old stuff*   scéalaíocht *storytelling*
glan do sheomra codlata *clean your bedroom*

Rím Coirí

Hócaí Pócaí

Cuir súile caillí, cluasa cait agus teanga froig sa choire.
Measc isteach damhán alla, ialtóg agus ollphéist.
Cuir isteach bainne géar.
Anois abair na focail draíochta:
Plisch, Krickle, Pazzazz!
Tá sé réidh!

CEISTEANNA

1 Cad a chuireann tú sa choire? *(What do you put in the cauldron?)*
2 Cad a mheascann tú isteach? *(What do you mix in?)*
3 An gcuireann tú isteach bainne géar? *(Do you put in sour milk?)*
4 Cad iad na focail draíochta? *(What are the magic words?)*

FOCLÓIR

rím coirí *boiler's rhyme*
súile caillí *witch's eyes*
cluasa cait *cat's ears*
teanga froig *frog's tongue*
sa choire *in the cauldron*
damhán alla *spider*
ollphéist *monster*
bainne géar *sour milk*
tá sé réidh *it's ready*

Anraith Meall Súile

Comhábhair:
Tá cannaí trátaí, stoc glasraí, uisce te, salann, piobar agus ológa glasa ag teastáil.

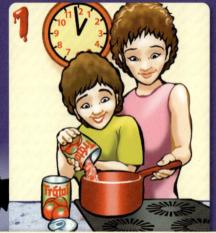

Céim a haon: Faigh duine fásta. Cuir cannaí trátaí i bpota.

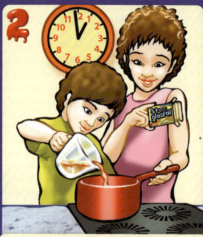

Céim a dó: Measc isteach an stoc glasraí agus uisce te.

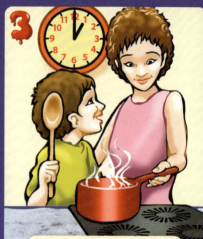

Céim a trí: Fiuch ar feadh fiche nóiméad.

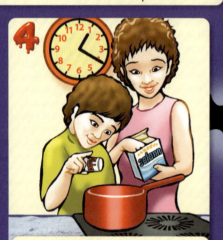

Céim a ceathair: Cuir isteach salann agus piobar.

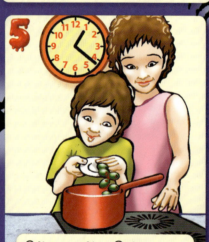

Céim a cúig: Cuir isteach na hológa glasa.

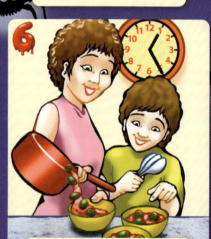

Céim a sé: Cuir i mbabhlaí agus ithigí é.

CEISTEANNA

1. Cad iad na comhábhar atá ag teastáil? *(What ingredients are needed?)*
2. Cad í céim a haon? *(What is step one?)*
3. Cad í céim a trí? *(What is step three?)*
4. Cad í céim a cúig? *(What is step five?)*
5. Cad í céim a sé? *(What is step six?)*

FOCLÓIR

anraith	*soup*	meall súile	*eyeball*
comhábhair	*ingredients*	cannaí trátaí	*tins of tomatoes*
stoc glasraí	*vegetable stock*	salann	*salt*
piobar	*pepper*	ológa glasa	*green olives*
		pota	*pot*
fiuch ar feadh	*boil for*	fiche nóiméad	*twenty minutes*
babhlaí	*bowls*	ithigí é	*eat it*

Ag Marcaíocht

Breithlá Amelia a bhí ann. Bhí sí naoi mbliana d'aois. Chuaigh sí agus triúr cairde ag marcaíocht.

Ar dtús, bhí eagla ar Amelia.

Bhí capall deas aici.

Shiúil siad timpeall na páirce. Bhí an-spraoi ag gach duine.

CEISTEANNA

1. Cén aois a bhí Amelia? *(What age was Amelia?)*
2. Cá ndeachaigh sí agus a cairde? *(Where did she and her friends go?)*
3. An raibh eagla ar Amelia? *(Was Amelia afraid?)*
4. Cén saghas capaill a bhí aici? *(What sort of horse did she have?)*
5. An raibh an-spraoi ag gach duine? *(Did everyone have fun?)*

FOCLÓIR

ag marcaíocht *horseriding*
naoi mbliana d'aois *nine years old*
triúr cairde *three friends*
ar dtús *at first*   capall deas *nice horse*
shiúil siad timpeall *they walked around*

Mo Chlann Mhór

Bainis Aintín Jen atá ar siúl.
Tá Lúsaí agus a clann san óstán.

Seo iad mo thuismitheoirí.

Seo é Daideo agus seo í Mamó.

Seo iad mo thriúr col ceathracha, Sally, Sam agus Suzy.

Seo é m'uncail Ted agus seo í m'aintín Úna.

Tá m'aintín Jen ag caint leis an sagart.

CEISTEANNA

1. **Cad atá ar siúl?** *(What is going on?)*
2. **Cá bhfuil Lúsaí?** *(Where is Lúsaí?)*
3. **Cé mhéad col ceathrar atá ag Lúsaí?** *(How many cousins does Lúsaí have?)*
4. **Cad is ainm d'uncail Lúsaí?** *(What is Lúsaí's uncle's name?)*

FOCLÓIR

- **bainis** *wedding*
- **san óstán** *in the hotel*
- **seo iad** *these are*
- **mo thuismitheoirí** *my parents*
- **mo thriúr col ceathracha** *my three cousins*
- **an sagart** *the priest*

Litir Chuig Sorcha

Dia duit, a Shorcha.

Conas atá tú?

Tá an geimhreadh ann anois in Éirinn.

Bíonn an aimsir fuar agus fliuch.

Bíonn sé dorcha ag a cúig a chlog.

An bhfuil aon nuacht agat?

Conas atá gach duine?

Scríobh ar ais, le do thoil.

Do chara,

Lauren

CEISTEANNA

1 Cé a scríobh an litir? *(Who wrote the letter?)*
2 Cén séasúr atá ann? *(What season is it?)*
3 Conas atá an aimsir? *(How is the weather?)*
4 An bhfuil sé dorcha ag a cúig a chlog? *(Is it dark at 5 o'clock?)*

FOCLÓIR

dorcha *dark* Conas atá tú? *How are you?*
scríobh ar ais *write back* le do thoil *please*

Píotsa Liamháis

Comhábhair: Tá bonn píotsa, anlann trátaí, cáis agus liamhás ag teastáil.

Céim a haon: Faigh duine fásta. Tóg bonn píotsa.

Céim a dó: Cuir an t-anlann ar an mbonn.

Céim a trí: Cuir cáis ar an mbonn píotsa.

Céim a ceathair: Cuir an liamhás ar an mbarr.

Céim a cúig: Cuir an píotsa ar thráidre amháin. Cuir isteach san oigheann é.

Céim a sé: Nuair a bhíonn sé réidh, tóg amach é. Bainigí taitneamh as.

CEISTEANNA

1 Cad iad na comhábhair atá ag teastáil? *(What ingredients are needed?)*
2 Cad í céim a haon? *(What is step one?)*
3 Cad í céim a ceathair? *(What is step four?)*
4 Cad í céim a sé? *(What is step six?)*

FOCLÓIR

liamhás	*ham*	bonn píotsa	*pizza base*
anlann trátaí	*tomato sauce*	ar an mbarr	*on top*
tráidre	*tray*	oigheann	*oven*
nuair a bhíonn sé réidh	*when it is ready*		
bainigí taitneamh as	*enjoy*		

Laethanta Speisialta 2

Míonna na Bliana	Dáta	
Mí Iúil	8ú	Lá Náisiúnta na bhFíschluichí
Mí Lúnasa	4ú	Lá Náisiúnta na gCúplaí
Mí Mheán Fómhair	12ú	Lá Náisiúnta na gCreathán Bainne
Mí Dheireadh Fómhair	2ú	Lá Náisiúnta 'Ainmnigh do Charr'
Mí na Samhna	17ú	Lá Náisiúnta 'Téigh ag Fánaíocht'
Mí na Nollag	20ú	Lá Náisiúnta na gCluichí

CEISTEANNA

1. Cén dáta é Lá Náisiúnta na bhFíschluichí?
   (What date is National Video Games Day?)
2. Cén dáta é Lá Náisiúnta na gCúplaí?
   (What date is National Twins' Day?)
3. Cén dáta é Lá Náisiúnta na gCreathán Bainne?
   (What date is National Milkshake Day?)
4. Cén dáta é Lá Náisiúnta 'Ainmnigh do Charr'?
   (What date is National 'Name your Car' Day?)
5. Cén dáta é Lá Náisiúnta na gCluichí?
   (What date is National Games Day?)

FOCLÓIR

físchluichí *video games*	cúplaí *twins*
creathán bainne *milkshake*	
aimnigh do charr *name your car*	
téigh ag fánaíocht *go hiking*	cluichí *games*

An Nuacht

Dia duit.
Dé Luain atá ann.
Anocht ar an nuacht, an ceannlíne ná …
Tugann Uachtarán na hÉireann cuairt ar Scoil Naomh Áine.
Buaileann sé le daltaí, le múinteoirí agus le tuismitheoirí ón scoil.
Tá an scéal iomlán ag Máirtín Ó Móra le RTÉ.

CEISTEANNA

1. **Cén lá atá ann?** *(What day is it?)*
2. **Cad í an ceannlíne?**
   (What is the headline?)
3. **Cé leis a mbuaileann Uachtarán na Éireann?**
   (Who does the President of Ireland meet?)
4. **Cé aige a bhfuil an scéal iomlán?**
   (Who has the full story?)

FOCLÓIR

anocht ar an nuacht *tonight on the news*
ceannlíne *headline*
tugann Uachtarán na hÉireann cuairt *the President of Ireland visits*
buaileann sé le *he meets*   daltaí *students*
tuismitheoirí *parents*   scéal iomlán *full story*

SEACHTAIN 10 • LÁ 3

Siopa Dhá Euro

Chuaigh Niall go dtí an siopa dhá euro. Bhí sé ag ceannach bronntanais do Mhamaí.

'Cé mhéad a chosnaíonn an cluiche seo?' arsa Niall.
'Dhá euro,' arsa an siopadóir.

'Cé mhéad a chosnaíonn an bosca seacláide seo?' arsa Niall.
'Dhá euro,' arsa an siopadóir.

'Cé mhéad a chosnaíonn an cárta breithlae seo?' arsa Niall.
'Dhá euro!' arsa an siopadóir.

CEISTEANNA

1. Cá ndeachaigh Niall? *(Where did Niall go?)*
2. Céard a bhí sé ag ceannach? *(What was he buying?)*
3. Cé mhéad a chosnaíonn an cluiche? *(How much does the game cost?)*
4. Cé mhéad a chosnaíonn an bosca seacláide? *(How much does the box of chocolates cost?)*

FOCLÓIR

bronntanas *present*
Cé mhéad a chosnaíonn …? *How much does … cost?*
siopadóir *shopkeeper*

Na Séasúir

An tEarrach
Bíonn an aimsir tirim agus geal.
Bíonn duilleoga ag fás.

An Samhradh
Bíonn an ghrian ag taitneamh.
Bíonn duilleoga ar na crainn.
Bíonn bláthanna ag fás.

An Fómhar
Bíonn an aimsir fuar agus gaofar.
Bíonn na duilleoga ag titim.

An Geimhreadh
Bíonn sé an-fhuar agus dorcha.
Bíonn an ghráinneog agus an ialtóg ina gcodladh.

CEISTEANNA

1. An mbíonn an aimsir tirim san earrach?
   (Is the weather dry in the spring?)
2. An mbíonn bláthanna ag fás sa samhradh?
   (Do flowers grow in the summer?)
3. Cén sórt aimsire a bhíonn ann san fhómhar?
   (What sort of weather is there in autumn?)
4. An mbíonn an ghráinneog ina codladh sa gheimhreadh?
   (Does the hedgehog sleep in the winter?)

FOCLÓIR

- an tEarrach *spring*
- tirim agus geal *dry and bright*
- an samhradh *summer*
- ag taitneamh *shining*
- an fómhar *autumn*
- ag titim *falling*
- an geimhreadh *winter*
- an ghráinneog *the hedgehog*
- ialtóg *bat*

An Leanbh Nua!

Tháinig Mamaí agus an leanbh nua abhaile ón ospidéal.
Bhí an-tuirse ar Mhamaí.
Bhí sceitimíní ar na páistí.

Bhí ocras ar an leanbh.

Thit an leanbh ina chodladh.
Thit Mamaí ina codladh.

Tar éis tamaill, thosaigh an leanbh ag caoineadh.
Bhí ocras ar an leanbh arís.

CEISTEANNA

1 Cé a tháinig abhaile ón ospidéal?
  (Who came home from the hospital?)
2 An raibh ocras ar Mhamaí?
  (Was Mammy hungry?)
3 An raibh an-tuirse ar Mhamaí?
  (Was Mammy very tired?)
4 Tar éis tamaill, cad a tharla?
  (After a while, what happened?)
5 An raibh ocras ar an leanbh?
  (Was the baby hungry?)

FOCLÓIR

leanbh nua *new baby* abhaile ón ospidéal *home from hospital*
an-tuirse *very tired* sceitimíní *excitement*
thit an leanbh ina chodladh *the baby fell asleep*
tar éis tamaill *after a while*
thosaigh an leanbh ag caoineadh *the baby started to cry*
arís *again*

FEIS

Bhí feis ar siúl i halla an tséipéil.
Bhí na cailíní ag caitheamh cultacha ildaite.

Bhí triúr páistí ag damhsa ar an stáitse.

Bhí Órla sa chéad áit.
Bhí Molly sa dara háit.
Bhí Cathal sa tríú háit.

Bhí lá iontach ag gach duine.

CEISTEANNA

1 Cad a bhí ar siúl i halla an tséipéil?
   (What was on in the church hall?)
2 An raibh na cailíní ag caitheamh cultacha snámha?
   (Are the girls wearing swimming costumes?)
3 Cé a bhí sa chéad áit? *(Who was in first place?)*
4 Cé a bhí sa dara háit? *(Who was in second place?)*
5 Cé a bhí sa tríú háit? *(Who was in third place?)*

FOCLÓIR

halla an tséipéil *church hall*
cultacha ildaite *colourful costumes*
triúr páistí *three children*
ar an stáitse *on the stage*   lá iontach *great day*

SEACHTAIN 11 • LÁ 3

Mamó

Dia duit. Is mise Mamó.
Is maith liom a bheith ag léamh agus ag siúl.
Is aoibhinn liom a bheith ag imirt biongó!
Téim ag imirt biongó gach Aoine ar a seacht a chlog.
Téim le mo chara Nóra.
Bíonn an-spraoi againn.

CEISTEANNA

1 **An maith le Mamó a bheith ag léamh?**
   (Does Granny like to read?)
2 **An maith le Mamó a bheith ag imirt biongó?**
   (Does Granny like to play bingo?)
3 **Cá dtéann sí gach Aoine?**
   (Where does she go every Friday?)
4 **An mbíonn spraoi aici?**
   (Does she have good fun?)

FOCLÓIR

is aoibhinn liom *I love*
ag imirt biongó *playing bingo*

Skype go dtí an Astráil

Tá Faye ina cónaí in Éirinn.
Tá col ceathrar Faye ina chónaí san Astráil.
Seán is ainm dó.
Cuireann Faye glaoch ar Sheán ar Skype gach Satharn.
Nuair atá sé in am bricfeasta do Faye, tá sé in am dinnéir do Sheán.

CEISTEANNA

1 Cá bhfuil Faye ina cónaí? *(Where does Faye live?)*
2 Cá bhfuil col ceathrar Faye ina chónaí?
(Where does Faye's cousin live?)
3 Cad is ainm dó? *(What is his name?)*
4 An gcuireann Faye glaoch ar Sheán gach Satharn?
(Does Faye call Seán every Saturday?)
5 Nuair atá sé in am bricfeasta do Faye, cén t-am é do Sheán?
(When it is breakfast time for Faye, what time is it for Seán?)

FOCLÓIR

in Éirinn *in Ireland*   col ceathrar *cousin*
san Astráil *in Australia*
glaoch *call*   nuair atá sé *when it is*
in am bricfeasta *breakfast time*
tá sé in am dinnéir *it is dinner time*

46 SEACHTAIN 12 • LÁ 2

Anraith Glasraí

Comhábhair

Tá 100g ime, glasraí éagsúla, ciúb stoic, 250ml d'uisce te, piobar agus salann ag teastáil.

Céimeanna

1. Faigh duine fásta. Cuir im i bpota agus leáigh é.

2. Cuir na glasraí isteach sa phota. Measc le spúnóg adhmaid.

3. Cuir ciúb stoic shicín i gcrúiscín le huisce te.

4. Cuir an stoic, salann agus piobar sa phota.

5. Fiuch ar feadh fiche nóiméad.

6. Bain sult as!

CEISTEANNA

1. Cad iad na comhábhair atá ag teastáil? *(What ingredients are needed?)*
2. Cad í céim a haon? *(What is step one?)*
3. Cad í céim a trí? *(What is step three?)*
4. Cad í céim a cúig? *(What is step five?)*
5. An maith leat anraith glasraí? *(Do you like vegetable soup?)*

FOCLÓIR

- anraith glasraí *vegetable soup*
- comhábhair *ingredients*
- ciúb stoic *stock cube*
- leáigh é *melt it*
- sa phota *in the pot*
- spúnóg adhmaid *wooden spoon*
- i gcrúiscín *in a jar*
- fiuch *boil*
- ar feadh fiche nóiméad *for twenty minutes*
- bain sult as *enjoy*

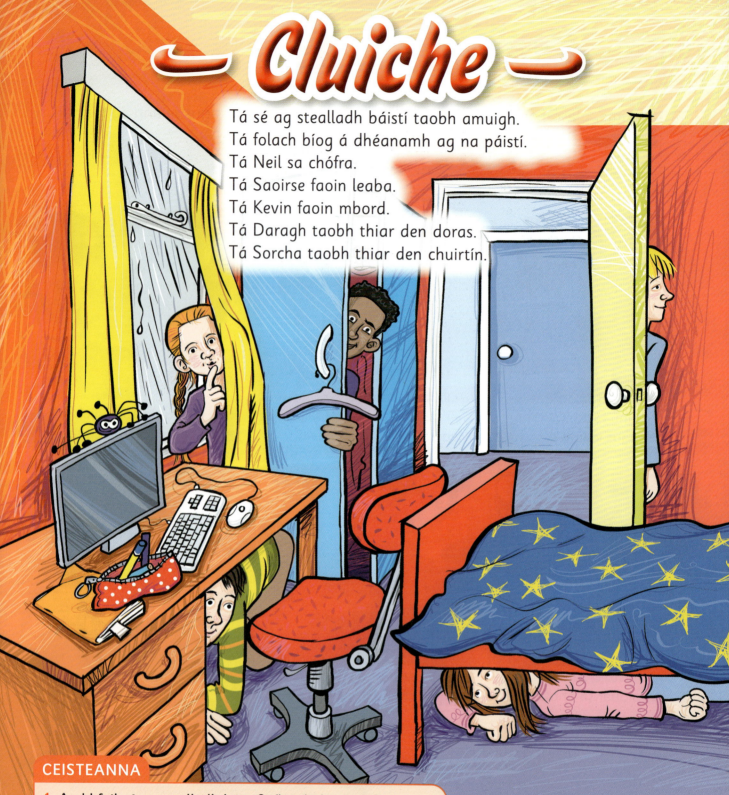

Céard atá uait?

CEISTEANNA

1. **Céard ba mhaith leis an gcailín?** (Ba mhaith léi …)
   (What would the girl like?)
2. **An bhfuil cás peann luaidhe ag an siopadóir?**
   (Does the shopkeeper have a pencil case?)
3. **Ar mhaith léi cás bándearg?** (Ba mhaith léi …/Níor mhaith léi…)
   (Does she want a pink pencil case?)
4. **An bhfuil cás peann luaidhe agat? Cén dath atá air?**
   (Do **you** have a pencil case? What colour is it?)

FOCLÓIR

Céard atá uait? *What do you want?*
rialóir *ruler*
más é do thoil é *if you please*
Aon rud eile? *Anything else?*
Cé mhéad é sin? *How much is that?*

Éadaí Salacha

An Satharn a bhí ann.
Chuaigh Mamaí isteach i seomra David.
Bhí stocaí salacha i ngach áit.
Bhí bríste géine agus léine shalach faoin leaba.
Bhí geansaí agus T-léine shalach ar an leaba.
Bhí fearg ar Mhamaí.
Chuir sí iad go léir sa mheaisín níocháin.

CEISTEANNA

1 Cén lá a bhí ann? *(What day was it?)*
2 Cá ndeachaigh Mamaí? *(Where did Mammy go?)*
3 Cad a bhí i ngach áit? *(What was in every place?)*
4 Cad a bhí ar an leaba? *(What was on the bed?)*
5 Cár chuir sí na héadaí go léir?
(Where did she put all the clothes?)

FOCLÓIR

éadaí salacha *dirty clothes*   bríste géine *jeans*
faoin leaba *under the bed*   ar an leaba *on the bed*
chuir sí iad go léir *she put them all*
sa mheaisín níocháin *in the washing machine*

Lá Fuar Geimhridh!

Maidin fhuar gheimhridh a bhí ann.
Bhí Daidí ag dul ag obair.
Bhí sé sa charr.
Bhí sé ag éisteacht leis an nuacht.
Dúirt an léitheoir nuachta go raibh leac oighir ar an mbóthar.

Go tobann, sciorr an carr.

Bhí eagla ar Dhaidí ach bhí sé ceart go leor.

CEISTEANNA

1 **Cén sórt maidin a bhí ann?** *(What sort of morning was it?)*
2 **Cá raibh Daidí ag dul?** *(Where was Daddy going?)*
3 **Céard a bhí ar an mbóthar?** Bhí ___ ___ ___ ___.
 (What was on the road?)
4 **Cad a tharla go tobann?** *(What happened suddenly?)*
5 **An raibh áthas ar Dhaidí?** *(Was Daddy happy?)*

FOCLÓIR

léitheoir nuachta *news reader*
leac oighir *ice*
ar an mbóthar *on the road*
go tobann *suddenly*
sciorr an carr *the car skidded*
bhí sé ceart go leor *he was fine*

An Rinc Oighir

Bhí sceitimíní áthais ar na páistí.
Bhí Lúsaí agus a cairde ag dul go dtí an rinc oighir.

Chuir siad scátaí orthu.

Thosaigh siad ag scátáil.

Shleamhnaigh Lúsaí.
Thosaigh a cairde ag gáire.

Bhí lá iontach ag na páistí.

CEISTEANNA

1. An raibh sceitimíní ar na páistí? *(Were the children excited?)*
2. Cá raibh Lúsaí ag dul? *(Where was Lúsaí going?)*
3. Cad a chuir siad orthu? *(What did they put on?)*
4. Ar thosaigh siad ag rith? *(Did they start to run?)*
5. Ar shleamhnaigh Lúsaí? *(Did Lúsaí slip?)*

FOCLÓIR

an rinc oighir *the ice rink*
scátaí *skates*
thosaigh siad *they started*
shleamhnaigh Lúsaí *Lúsaí slipped*
lá iontach *amazing day*

Cuairt Aintín Máire

Tháinig Aintín Máire ar cuairt ó Shasana don deireadh seachtaine.
Shroich sí Éire oíche Dé hAoine.
Bhailigh an chlann ón aerfort í.
Thug sí barróg agus póga do Mhamaí.
Bhí a lán bronntanas aici don chlann.

Cheannaigh Aintín Máire scannán don chlann.
D'fhéach siad ar an scannán an oíche sin.

CEISTEANNA

1 Cé a tháinig ar cuairt? *(Who came on a visit?)*
2 Cén uair a shroich sí Éire? *(When did she arrive in Ireland?)*
3 Cé a bhailigh ón aerfort í? *(Who collected her from the airport?)*
4 Cad a bhí aici don chlann? *(What did she have for the family?)*
5 Cad a cheannaigh Aintín Máire don chlann? *(What did Aunty Máire buy the family?)*

FOCLÓIR

cuairt *visit*
ó Shasana *from England*
don deireadh seachtaine *for the weekend*
bhailigh an chlann *the family collected*
aerfort *airport*
barróg agus póga *hug and kisses*
bronntanais *presents*

SEACHTAIN 14 • LÁ 1

Lá Gan Éide Scoile

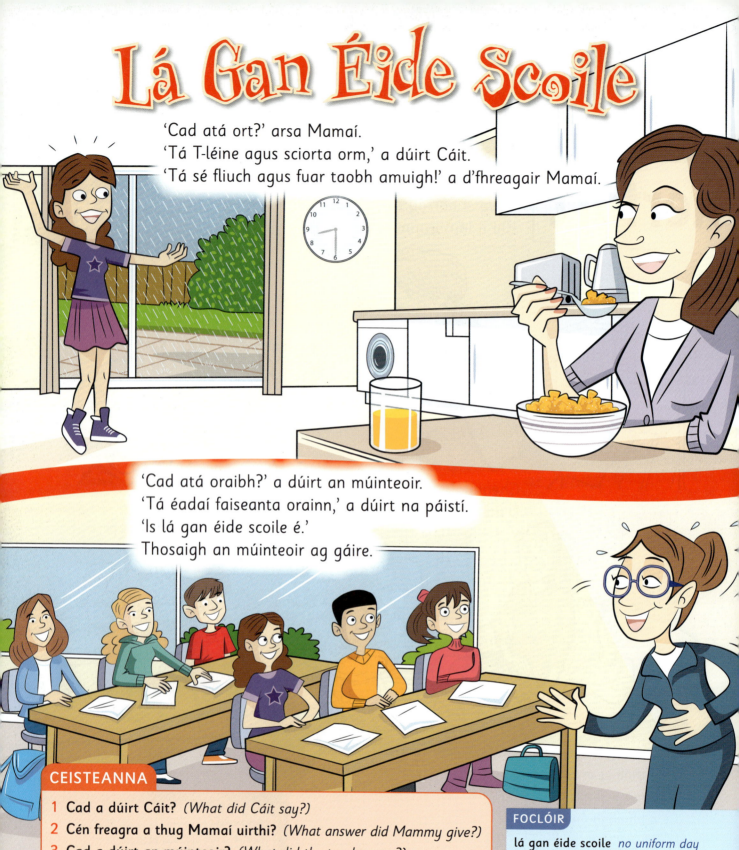

'Cad atá ort?' arsa Mamaí.
'Tá T-léine agus sciorta orm,' a dúirt Cáit.
'Tá sé fliuch agus fuar taobh amuigh!' a d'fhreagair Mamaí.

'Cad atá oraibh?' a dúirt an múinteoir.
'Tá éadaí faiseanta orainn,' a dúirt na páistí.
'Is lá gan éide scoile é.'
Thosaigh an múinteoir ag gáire.

CEISTEANNA

1. **Cad a dúirt Cáit?** *(What did Cáit say?)*
2. **Cén freagra a thug Mamaí uirthi?** *(What answer did Mammy give?)*
3. **Cad a dúirt an múinteoir?** *(What did the teacher say?)*
4. **Cad a dúirt na páistí?** *(What did the children say?)*
5. **Céard a thosaigh an múinteoir ag déanamh?** *(What did the teacher start doing?)*

FOCLÓIR

- **lá gan éide scoile** *no uniform day*
- **ort** *on you*   **orm** *on me*
- **taobh amuigh** *outside*
- **a d'fhreagair Mamaí** *answered Mammy*
- **oraibh** *on you (plural)*
- **faiseanta** *fashionable*   **orainn** *on us*

Aonach Saothair

Dé Sathairn a bhí ann.
Chuaigh an chlann go dtí an t-aonach saothair.
Bhí siad ag díol bia, bréagán agus éadaí.
Bhí roth an ratha ann freisin.
Cheannaigh Daidí trí thicéad do roth an ratha.
Chas an roth agus stop sé ar uimhir a sé.
Bhuaigh Daidí duais!

CEISTEANNA

1. Cén lá a bhí ann? *(What day was it?)*
2. Cá ndeachaigh an chlann? *(Where did the family go?)*
3. Céard a bhí á dhíol ann? *(What was being sold there?)*
4. Céard a cheannaigh Daidí? *(What did Daddy buy?)*
5. Céard a bhuaigh Daidí? *(What did Daddy win?)*

FOCLÓIR

aonach saothair *sale of work*
roth an ratha *wheel of fortune*
chas an roth *the wheel spun*
stop sé ar uimhir a sé *it stopped at number 6*
bhuaigh Daidí *Daddy won*   **duais** *prize*

Bualadh Bos

Bualadh bos, bualadh bos,
bualadh bos go léir,
tá San Nioclás ag teacht anocht,
anuas an simléar.

Ó, bualadh bos, bualadh bos,
bualadh bos go léir,
tá San Nioclás ag teacht anocht,
anuas an simléar.

Tá an Nollaig buailte linn,
tá áthas in san aer,
tá sneachta ar an talamh,
tá réaltaí suas sa spéir.
Táimid ag dul a chodladh,
is tá ár stocaí réidh.
Tá San Nioclás ag teacht anocht,
anuas an simléar.

[Curfá]
(Fonn Jingle Bells)

FOCLÓIR

bualadh bos *applause*   San Nioclás *St Nicholas*
anuas an simléar *down the chimney*
tá an Nollaig buailte linn *Christmas is upon us*
ar an talamh *on the ground*   réaltaí *stars*

GNÍOMH

Can agus foghlaim an t-amhrán.

Maisiúcháin na Nollag

Tá peann luaidhe, cárta ildaite, siosúr, gliú, glioscarnach, réaltaí beaga agus ribín ag teastáil.

1
Faigh peann luaidhe agus cárta ildaite. Tarraing réalta.

2
Gearr amach an réalta leis an siosúr.

3
Cuir gliú uirthi.

4
Cuir glioscarnach agus réaltaí beaga uirthi.

5
Déan poll beag sa chárta agus cuir ribín isteach.

6
Croch suas ar an gcrann Nollag é.

CEISTEANNA

1 Céard atá ag teastáil? *(What do you need?)*
2 Céard a chuireann tú ar an réalta?
   (What do you put on the star?)
3 Céard a chuireann tú isteach sa pholl beag?
   (What do you put into the small hole?)
4 Cá gcrochann tú suas é? *(Where do you hang it up?)*

FOCLÓIR

maisiúcháin na Nollag *Christmas decorations*
ildaite *multicoloured*   gearr amach *cut out*
déan poll beag *make a small hole*
croch suas *hang up*

Ag Maisiú Crann Nollag

An Satharn a bhí ann.
Bhí Cian agus a chlann ag maisiú an chrainn Nollag.
Chuir Mamaí na soilse ildaite ar an gcrann.
Chuir na páistí an tinsil agus na liathróidí ildaite ar an gcrann.
Chuir an duine is óige an réalta ar bharr an chrainn.
Bhí an crann Nollag go hálainn.

CEISTEANNA

1. **Cén lá a bhí ann?** *(What day was it?)*
2. **An raibh Cian agus a chlann ag maisiú an tí?** *(Were Cian and his family decorating the house?)*
3. **Cad a chuir Mamaí ar an gcrann?** *(What did Mammy put on the tree?)*
4. **Cé a chuir an réalta ar bharr an chrainn?** *(Who put the star at the top of the tree?)*

FOCLÓIR

ag maisiú — decorating
na soilse ildaite — multicoloured lights
an duine is óige — the youngest
go hálainn — beautiful

Ag an Doras

Bhí Lúsaí agus a clann sa seomra suite.
Bhí scannán Nollag ar an teilifís.

Chuala siad cnag ar an doras.
D'oscail Lúsaí an doras.
Bhí grúpa daoine ann.
Thosaigh siad ag canadh.

Thosaigh Lúsaí agus a clann ag canadh freisin.

CEISTEANNA

1 Cá raibh Lúsaí agus a clann? *(Where were Lúsaí and her family?)*
2 Cad a bhí ar an teilifís? *(What was on the television?)*
3 Cad a chuala siad? *(What did they hear?)*
4 Cé a bhí ann? *(Who was there?)*

FOCLÓIR

ag an doras *at the door*
d'oscail Lúsaí *Lúsaí opened*
ag canadh *singing*

Oíche Nollag

Bhí Cian agus Clara sa chistin.
Oíche Nollag a bhí ann.
D'fhág Cian gloine bhainne ar an mbord.
D'fhág Clara brioscaí agus cairéid ar an mbord.

Chroch siad suas a gcuid stocaí Nollag.

Léigh Daidí scéal dóibh.

Thit siad ina gcodladh.

CEISTEANNA

1. Cá raibh Cian agus Clara? *(Where were Cian and Clara?)*
2. Cén oíche a bhí ann? *(What night was it?)*
3. Ar fhág Cian brioscaí ar an mbord? *(Did Cian leave biscuits on the table?)*
4. Ar léigh Mamaí scéal dóibh? *(Did Mammy read them a story?)*

FOCLÓIR

Oíche Nollag *Christmas Eve*
gloine bhainne *glass of milk*
léigh Daidí *Daddy read*
thit siad ina gcodladh *they fell asleep*

Cá bhFuil …?

Suas, thuas, ag teacht anuas.
Síos, thíos, ag teacht aníos.

Tá mé ag dul suas staighre beo.

Tá mé thuas san áiléar.

Tá mé ag teacht anuas ón áiléar.

Tá mé ag dul síos staighre.

Tá mé thíos san íoslach.

Tá mé ag teacht aníos ón íoslach.

CEISTEANNA

1. Cá bhfuil Sam ag dul? *(Where is Sam going?)*
2. Cá bhfuil Jack? *(Where is Jack?)*
3. Cá bhfuil Jane? *(Where is Jane?)*
4. Cá bhfuil Mamaí? *(Where is Mammy?)*
5. Cá bhfuil Daidí? *(Where is Daddy?)*

FOCLÓIR

- **ag dul suas** *moving up*
- **thuas** *above*
- **ag teacht anuas** *moving from above to below*
- **ag dul síos** *moving down*
- **thíos** *below*
- **ag teacht aníos** *moving from below to above*
- **staighre beo** *escalator*
- **áiléar** *attic*
- **íoslach** *basement*

SEACHTAIN 16 • LÁ 1

Scoil Nua

Dé Luain i mí Eanáir atá ann.
Dúisíonn Kevin go luath.
Tá sé ag tosú i scoil nua inniu.

Tá sé ag smaoineamh ar a éide scoile nua.

Tá sé ag smaoineamh ar a leabhair nua.

Tá sé ag smaoineamh ar a mhúinteoir nua.

Tá Kevin an-neirbhíseach.

CEISTEANNA

1 Cén lá atá ann? *(What day is it?)*
2 Cé a dhúisíonn go luath? *(Who wakes up early?)*
3 Cad atá sé ag déanamh inniu? *(What is he doing today?)*
4 Cad air atá sé ag smaoineamh? *(What is he thinking about?)*
5 An bhfuil Kevin neirbhíseach? *(Is Kevin nervous?)*

FOCLÓIR

Eanáir *January*
go luath *early*
tá sé ag tosú *he is starting*
ag smaoineamh ar *thinking of*
an-neirbhíseach *very nervous*
dúisíonn *wakes*

Eala ag an gCé

Chuaigh Ben agus Daideo ar shiúlóid.
Bhí siad ag dul go dtí an ché.
Bhí arán acu do na healaí.
Chonaic siad cúig eala.
Bhí dath bán orthu ar fad.
Chaith siad an t-arán isteach san fharraige dóibh.
Nuair a bhí an t-arán imithe, shiúil siad abhaile arís.

CEISTEANNA

1. **Cá ndeachaigh Ben agus Daideo?**
   (Where did Ben and Granddad go?)
2. **Céard a bhí acu?** (What did they have?)
3. **Cé mhéad eala a chonaic siad?** (How many swans did they see?)
4. **Cén dath a bhí orthu?** (What colour were they?)
5. **Cad a rinne siad nuair a bhí an t-arán imithe?**
   (What did they do when the bread was gone?)

FOCLÓIR

eala *swan*	cé *pier*
ar shiúlóid *on a walk*	
do na healaí *for the swans*	
dóibh *for them*	
san fharraige *into the sea*	
nuair a bhí *when it was*	
imithe *gone*	abhaile *home*
arís *again*	

SEACHTAIN 16 • LÁ 3

Clár Ceoil Greannmhar

Bhí Jane i dteach Áine.
Bhí siad sa chistin ag caint.
Thosaigh siad ag spraoi le bosca.
Rinne siad teilifíseán de.
Chuir Jane an bosca ar a ceann.
Thosaigh sí ag canadh go hard.
Thosaigh Áine ag gáire.

CEISTEANNA

1 Cá raibh na cailíní? *(Where were the girls?)*
2 Céard a rinne siad leis an mbosca? *(What did they do with the box?)*
3 Cár chuir Jane an bosca? *(Where did Jane put the box?)*
4 Céard a rinne Jane? *(What did Jane do?)*
5 Céard a rinne Áine? *(What did Áine do?)*

FOCLÓIR

clár ceoil *musical programme*
greannmhar *funny*
ag spraoi *playing*
de *of it*   **go hard** *loud*

Ar an Traein

Ar an traein, ar an traein,
Daideo, Mamó agus mé féin!

Feicim tithe bána agus feicim tithe buí,
feicim bó sa pháirc agus capaill ina luí.

Daoine ag teacht agus daoine ag dul,
ag dul ag obair agus ag dul ar scoil.

Ar lá saoire, ag dul ar an traein,
Daideo, Mamó agus mé féin.

Le Joanne Kett

CEISTEANNA

1. Cá bhfuil Daideo, Mamó agus an buachaill? *(Where are Granddad, Granny and the boy?)*
2. Cad a fheiceann an buachaill? *(What did the boy see?)*
3. Cá bhfuil daoine ag dul? *(Where are people going?)*
4. An bhfuil lá saoire aige? *(Was he on a holiday?)*

FOCLÓIR

feicim tithe bána *I see white houses*
bó *cow*   capaill *horses*
daoine ag teacht *people coming*
daoine ag dul *people going*
lá saoire *holiday*

Sa Chlós

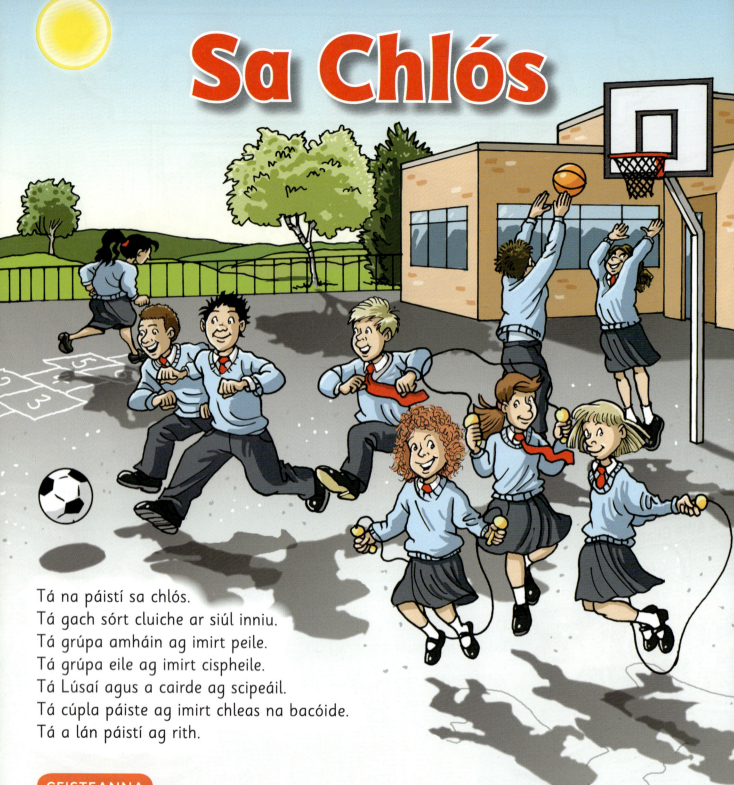

Tá na páistí sa chlós.
Tá gach sórt cluiche ar siúl inniu.
Tá grúpa amháin ag imirt peile.
Tá grúpa eile ag imirt cispheile.
Tá Lúsaí agus a cairde ag scipeáil.
Tá cúpla páiste ag imirt chleas na bacóide.
Tá a lán páistí ag rith.

CEISTEANNA

1. **Cá bhfuil na páistí?** *(Where are the children?)*
2. **An bhfuil grúpa amháin ag imirt rugbaí?** *(Is one group playing rugby?)*
3. **An bhfuil Lúsaí ag scipeáil?** *(Is Lúsaí skipping?)*
4. **An bhfuil cúpla páiste ag rith?** *(Are a few children running?)*

FOCLÓIR

gach sórt cluiche *every sort of game*
grúpa eile *another group*
ag imirt cispheile *playing basketball*
cúpla *a few*
ag imirt chleas na bacóide *playing hopscotch*
a lán *a lot*

Is Maith Le

| Liom | Leat | Leis | Léi | Linn | Libh | Leo |

CEISTEANNA

1. **An maith le Finn obair bhaile?** *(Does Finn like homework?)*
2. **An maith le Finn an ríomhaire?** *(Does Finn like the computer?)*
3. **An maith leat obair bhaile?** *(Do you like homework?)*
4. **An maith leat leadóg?** *(Do you like tennis?)*
5. **An maith le do mhúinteoir an bháisteach?**
   (Does your teacher like the rain?) Cuir ceist ar do mhúinteoir!
   'An maith leat _____ _____, a mhúinteoir?'

FOCLÓIR

an bháisteach *the rain*

Dílis Dána

Bhí Cian agus Clara sa ghairdín.
Bhí Dílis sa ghairdín freisin.
Bhí sí ina luí ar an bhféar.
Bhí liathróid ag Clara.
Bhí Cian agus Clara ag súgradh leis an liathróid.

Léim Dílis suas agus rug sí ar an liathróid.
Ní raibh na páistí ag súgradh ansin.

CEISTEANNA

1. Cé a bhí sa ghairdín? *(Who was in the garden?)*
2. An raibh Mamaí sa ghairdín? *(Was Mammy in the garden?)*
3. An raibh Dílis sa ghairdín? *(Was Dílis in the garden?)*
4. Céard a bhí ag Clara? *(What did Clara have?)*
5. Cad a rinne Dílis? *(What did Dílis do?)*

FOCLÓIR

dána *naughty*
ar an bhféar *on the grass*
ag súgradh *playing*
rug sí *she grabbed*
ansin *then*

Litir Chuig Mamó

A Mhamó.

Conas atá tú?
Tá an chlann ar laethanta saoire sa Fhrainc.
Táimid ag fanacht in óstán nua.
Gach lá, bíonn pancóga don bhricfeasta agam.
Tá an bia go hálainn!
Téann an chlann ag sciáil gach lá.

Slán go fóill,
Matt

CEISTEANNA

1. Cá bhfuil an chlann ar laethanta saoire? *(Where are the family on holidays?)*
2. Cá bhfuil siad ag fanacht? *(Where are they staying?)*
3. Cad a bhíonn ag Matt don bhricfeasta gach lá? *(What does Matt have for breakfast every day?)*
4. An bhfuil an bia go deas? *(Is the food nice?)*
5. Cad a dhéanann an chlann gach lá? *(What do the family do every day?)*

FOCLÓIR

- **ag fanacht** *staying*
- **óstán** *hotel*
- **pancóga** *pancakes*
- **don bhricfeasta** *for breakfast*
- **ag sciáil** *skiing*
- **slán go fóill** *goodbye for now*

Iompar

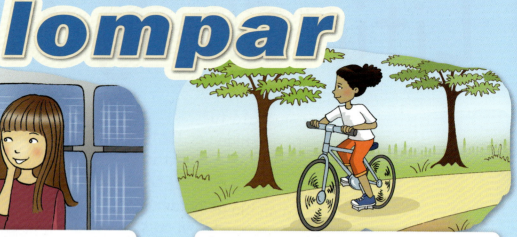

Úsáideann Nicole an traein gach Luan.

Úsáideann Zara an rothar gach Máirt.

Úsáideann Max an bád gach Céadaoin.

Úsáideann Mamaí an tram gach Déardaoin.

Úsáideann Daidí an t-eitleán gach Aoine.

Úsáideann Felix a chosa gach lá!

CEISTEANNA

1. **Cad a úsáideann Nicole gach Luan?**
   (What does Nicole use every Monday?)
2. **Cad a úsáideann Zara gach Máirt?**
   (What does Zara use every Tuesday?)
3. **Cad a úsáideann Mamaí gach Déardaoin?**
   (What does Mammy use every Thursday?)
4. **Cad a úsáideann Daidí gach Aoine?**
   (What does Daddy use every Friday?)
5. **Cad a úsáideann Felix gach lá?**
   (What does Felix use every day?)

FOCLÓIR

iompar transport	**úsáideann** uses
rothar bicycle	**bád** boat
eitleán aeroplane	**chosa** legs

An Phictiúrlann

Tráthnóna Dé hAoine a bhí ann.
Bhí sé ag stealladh báistí an lá ar fad.

Chuaigh na páistí go dtí an pictiúrlann.
Bhuail siad le chéile ag a cúig a chloig.

Cheannaigh siad grán rósta.

Bhí an scannán an-ghreannmhar.

CEISTEANNA

1. Cén lá a bhí ann? *(What day was it?)*
2. An raibh sé ag stealladh báistí an lá ar fad?
   (Was it lashing rain all day?)
3. Cá ndeachaigh na páistí? *(Where did the children go?)*
4. Cén t-am a bhuail siad le chéile? *(What time did they meet?)*
5. An raibh an scannán greannmhar? *(Was the film funny?)*

FOCLÓIR

an phictiúrlann — *the cinema*
tráthnóna — *afternoon*
ag stealladh báistí — *lashing rain*
bhuail siad le chéile — *they met one another*
an-ghreannmhar — *very funny*

Póca Piota

Comhábhair: Tá póca piota, cáis Brie, liamhás, leitís agus peisteo dearg ag teastáil.

Céimeanna

1 Faigh duine fásta. Tóstáil na pócaí piota.

2 Gearr an cháis Brie.

3 Gearr na pócaí i ndá leath.

4 Cuir beagán peisteo agus leitís ar an dá leath.

5 Cuir píosa liamháis i ngach leath.

6 Cuir slis den cháis Brie i ngach leath.

7 Bain taitneamh as do phóca piota!

CEISTEANNA

1 **Cad iad na comhábhair atá ag teastáil?** *(What ingredients are needed?)*
2 **Cad í céim a haon?** *(What is step one?)*
3 **Cad í céim a ceathair?** *(What is step four?)*
4 **Cad í céim a cúig?** *(What is step five?)*
5 **Cad í céim a sé?** *(What is step six?)*

FOCLÓIR

póca piota *pitta pocket*   cáis Brie *Brie cheese*
liamhás *ham*   peisteo dearg *red pesto*   tóstáil *toast*
i ndá leath *in two halves*   i ngach *in every*
bain taitneamh as *enjoy*

Éadaí Tirime!

Lá grianmhar a bhí ann.
Chroch Mamaí na héadaí glana suas ar an líne.

Tháinig scamaill mhóra dhubha.
Thosaigh sé ag cur báistí.

Chuir an buachaill na héadaí tirime sa vardrús.
Chuir sé na stocaí sa chófra tarraiceán.

CEISTEANNA

1 Cén sórt lae a bhí ann? *(What sort of day was it?)*
2 Cad a chroch Mamaí ar an líne?
(What did Mammy hang up on the line?)
3 Ar thosaigh sé ag cur sneachta? *(Did it start to snow?)*
4 Cár chuir an buachaill a chuid éadaigh?
(Where did the boy put his clothes?)
5 Cad a dúirt Mamaí ag an deireadh?
(What did Mammy say at the end?)

FOCLÓIR

éadaí tirime *dry clothes*
lá grianmhar *sunny day*
éadaí glana *clean clothes*
scamaill mhóra dhubha *large black clouds*
ag cur báistí *raining*
cabhraigh liom *help me*
sa vardrús *in the wardrobe*
cófra tarraiceán *chest of drawers*

Na Coillte

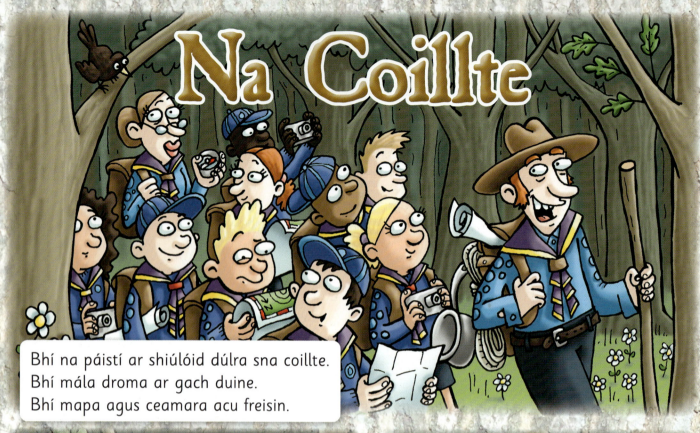

Bhí na páistí ar shiúlóid dúlra sna coillte.
Bhí mála droma ar gach duine.
Bhí mapa agus ceamara acu freisin.

Bígí ciúin!

Chonaic Ruairí iora.

Rith an t-iora ar nós na gaoithe!

CEISTEANNA

1. Cá raibh na páistí? *(Where were the children?)*
2. Cad a bhí ar gach duine?
   (What does everyone have on them?)
3. An raibh mapa agus ceamara acu?
   (Did they have a map and a camera?)
4. An bhfaca Ruairí sionnach? *(Did Ruairí see a fox?)*

FOCLÓIR

na coillte *the woods*
ar shiúlóid dúlra *on a nature walk*
mála droma *backpack*   ceamara *camera*
iora *squirrel*   bígí ciúin! *be quiet!*
ar nós na gaoithe *as fast as the wind*

Foireann na Scoile

Bhí cluiche sacair ar siúl sa pháirc.
Bhí Cian agus a chara Josh ar fhoireann na scoile.
Bhí rang a trí agus an príomhoide ag féachaint ar an gcluiche.
Bhuail Josh an liathróid isteach sa chúl.
Bhuaigh siad an cluiche.
Bhí áthas an domhain ar gach duine.

CEISTEANNA

1 Cad a bhí ar siúl sa pháirc? *(What was on in the park?)*
2 Cé a bhí ar fhoireann na scoile?
   (Who was on the school team?)
3 Cé a bhí ag féachaint ar an gcluiche?
   (Who was watching the game?)
4 Ar bhuail Cian an liathróid isteach sa chúl?
   (Did Cian hit the ball into the goal?)

FOCLÓIR

foireann na scoile *school team*
bhuaigh siad an cluiche *they won the game*

Breithlá Mhamaí

Maidin Dé Sathairn a bhí ann.
Bhí Mamaí fós sa leaba.

Bhí Daidí agus na páistí sa chistin.
Rinne Daidí cupán tae.
Rinne na páistí tósta.
Chuir siad im agus subh air.

Shiúil siad suas an staighre.

Lá breithe sona duit!

Thosaigh siad ag canadh.
Bhí iontas agus áthas ar Mhamaí.

CEISTEANNA

1 **Cén lá a bhí ann?** *(What day was it?)*
2 **Cá raibh Mamaí?** *(Where was Mammy?)*
3 **Cá raibh Daidí agus na páistí?**
   (Where were Daddy and the children?)
4 **An raibh iontas ar Mhamaí?** *(Was Mammy surprised?)*

FOCLÓIR

breithlá Mhamaí *Mammy's birthday*
maidin Dé Sathairn *Saturday morning*
fós sa leaba *still in bed*
rinne Daidí *Daddy made* **subh** *jam*
suas an staighre *up the stairs*
iontas *surprise*

In Aice, Roimh, Thar ...

Sheas an cat in aice leis an madra.

Bhuail Mamaí leis an bpríomhoide sa bhaile mór.

Stop an madra roimh an droichead.

Bhuail Mamó lena cara roimh am dinnéir.

Léim Daidí thar an ngeata.

Shiúil Daideo thar an gcnoc.

CEISTEANNA

1. Cár sheas an cat? *(Where did the cat stand?)*
2. Cár bhuail Mamaí leis an bpríomhoide? *(Where did Mammy meet the principal?)*
3. Cár stop an madra? *(Where did the dog stop?)*
4. Cár léim Daidí? *(Where did Daddy jump?)*
5. Cár shiúil Daideo? *(Where did Granddad walk?)*

FOCLÓIR

sheas *stood*   in aice leis an *with the*
bhuail Mamaí leis an *Mammy met with the*
droichead *bridge*
bhuail Mamó lena cara *Granny met with her friend*
roimh am dinnéir *before dinner time*
thar an *over the*   geata *gate*
an cnoc *the hill*

Lá Eolaíochta

Tá Lá Eolaíochta ar siúl sa scoil.
Lá breá grianmhar atá ann.
Tá na múinteoirí an-ghnóthach.
Tá gach rang ag déanamh turgnaimh.
Tá rang a trí ar bís.
Tá duaiseanna sa chlós.
Tá lá gan obair bhaile ag na daltaí.

CEISTEANNA

1. Cá bhfuil an Lá Eolaíochta ar siúl?
   (Where is the Science Day on?)
2. Cén saghas lae é? (What type of day is it?)
3. An bhfuil na múinteoirí gnóthach?
   (Are the teachers busy?)
4. Cad atá á dhéanamh ag gach rang?
   (What is every class doing?)
5. An bhfuil rang a trí ar bís?
   (Are third class excited?)

FOCLÓIR

Lá Eolaíochta	Science Day	ar siúl	going on
an-ghnóthach	very busy	turgnamh	experiment
ar bís	excited	duaiseanna	prizes
lá gan obair bhaile	day without homework		

Cácaí le Mamó

Tháinig Mamó ar cuairt Dé Sathairn.
Breithlá Sarah a bhí ann.
Thosaigh Mamaí, Mamó agus Seán ag bácáil cácaí.
Rinne siad cístíní cupa bándearga, toirtín úll agus cáca seacláide.
Nuair a bhí siad réidh, chuir siad coinnle sna cácaí.
Chan an chlann 'Lá breithe sona duit' do Sarah.
D'ith siad na cácaí ar fad!

Lá breithe sona duit.

CEISTEANNA

1. Cé a tháinig ar cuairt Dé Sathairn?
   (Who came on a visit on Saturday?)
2. Cé a thosaigh ag bácáil? *(Who started baking?)*
3. Cén saghas cácaí a rinne siad?
   (What type of cakes did they make?)
4. Cad a rinne siad nuair a bhí siad réidh?
   (What did they do when they were ready?)
5. Ar ith siad na cácaí? *(Did they eat the cakes?)*

FOCLÓIR

ar cuairt *on a visit*	thosaigh *started*
ag bácáil cácaí *baking cakes*	
cístíní cupa bándearga *pink cupcakes*	
toirtín úll *apple tart*	
cáca seacláide *chocolate cake*	
réidh *ready*	coinnle *candles*
chan an chlann *the family sang*	ar fad *all*

SEACHTAIN **20** • LÁ **3**

Clár Teilifíse Bhócó

Tá na páistí ag breathnú ar an teilifís.
Tá an clár teilifíse is fearr leo ar siúl.
'Bócó sa Sorcas' is ainm don chlár.
Is fear grinn é Bócó.
Bíonn sé i gcónaí ag pléidhcíocht.
Tá éadaí daite agus gruaig oráiste air.
Tá sé an-ghreannmhar!

CEISTEANNA

1 Cé atá ag breathnú ar an teilifís? *(Who is watching the television?)*
2 Cad atá ar siúl? *(What is on?)*
3 Cad is ainm don chlár? *(What is the name of the programme?)*
4 An fear grinn é Bócó? *(Is Bócó a clown?)*
5 An bhfuil sé greannmhar? *(Is he funny?)*

FOCLÓIR

ag breathnú *watching*
is fearr leo *their favourite*
i gcónaí *always*
ag pléidhcíocht *messing*
éadaí daite *colourful clothes*

Mo Mhaidin

Tá sé a hocht a chlog ar maidin …
in am éirí agus mo chuid éadaigh a chur orm.

Tá sé a ceathrú tar éis a hocht …
in am mo bhricfeasta a ithe.

Tá sé a leathuair tar éis a hocht …
in am mo chuid fiacla a scuabadh.

CEISTEANNA

1. Cén t-am é nuair a éiríonn an cailín?
   (What time is it when the girl gets up?)
2. Cén t-am é nuair a itheann sí a bricfeasta?
   (What time is it when she eats her breakfast?)
3. Cén t-am é nuair a scuabann sí a cuid fiacla?
   (What time is it when she brushes her teeth?)
4. Cén t-am é nuair a théann sí ar scoil?
   (What time is it when she goes to school?)

Tá sé a ceathrú chun a naoi …
in am dul ar scoil. Slán!

FOCLÓIR

mo chuid éadaigh *my clothes*
ceathrú tar éis *quarter past*
leathuair tar éis *half past*
ceathrú chun *quarter to*

Faoin Tuath!

Bhí Anna agus a clann faoin tuath.
Chonaic siad caora agus asal.
Chuala siad éan ag canadh agus madra ag tafann.

Shiúil siad timpeall an bhaile bhig.
Chuaigh siad isteach sa 'Seomra Tae'.

D'imigh siad abhaile ag deireadh an lae.

CEISTEANNA

Ceist nua – An bhfaca? Chonaic/Ní fhaca.

1. Cá raibh Anna agus a clann?
   (Where were Anna and her family?)
2. An bhfaca siad caora?
   (Did they see a sheep?) Chonaic/Ní fhaca _____ _____.
3. Cad a chuala siad? (What did they hear?)
4. Ar rith siad timpeall an bhaile?
   (Did they run around the town?)

FOCLÓIR

faoin tuath *in the countryside*
caora *sheep*   asal *donkey*
madra ag tafann *a dog barking*
shiúil siad *they walked*
timpeall an bhaile bhig *around the little town*
d'imigh siad abhaile *they went home*
ag deireadh an lae *at the end of the day*

Aonach Cásca!

Beidh aonach Cásca ar siúl i Scoil Naomh Áine.

Cathain:
Dé Sathairn.

Cén t-am:
a deich a chlog.

Ar díol:
bláthanna, plandaí, cácaí, uibheacha Cásca agus a lán rudaí eile.
Beidh craic agus ceol ann.
Beidh tóraíocht taisce ar siúl.
Bígí ann!

CEISTEANNA

1 Cad a bheidh ar siúl? *(What will be on?)*
2 Cathain a bheidh sé ar siúl? *(When will it be on?)*
3 Cén t-am a bheidh sé ar siúl? *(What time will it be on?)*
4 Cad a bheidh ar díol? *(What will be on sale?)*

FOCLÓIR

aonach Cásca *Easter fair*
a lán rudaí eile *lots of other things*
tóraíocht taisce *treasure hunt*
bígí ann *be there*

Tóraíocht Taisce

Tá an chlann ar thóraíocht taisce,
Beidh spraoi agus spórt againn ar fad.

An Cháisc atá ann – hurrá, hurrá!
Is muid ag rith is ag léim gan stad.

Tá uibheacha seacláide do gach duine,
Áit éigin timpeall an tí.

Tá na páistí ag rith sa ghairdín,
Is tá Daideo sa chistin ina shuí.

Le Ellie Ní Mhurchú

CEISTEANNA

1. Cad atá á dhéanamh ag an gclann? *(What are the family doing?)*
2. An mbeidh spraoi agus spórt acu ar fad? *(Will they have lots of fun?)*
3. Cén ceiliúradh atá ann? *(What celebration is it?)*
4. Cá bhfuil na páistí ag rith? *(Where are the children running?)*
5. Cé atá sa chistin ina shuí? *(Who is sitting down in the kitchen?)*

FOCLÓIR

tóraíocht taisce *treasure hunt*
is muid ag rith *we are running*
gan stad *without stopping*
áit éigin *somewhere*
timpeall an tí *around the house*

Pancóga

Comhábhair: Tá bainne, uisce, plúr bán, spunóg salann agus trí huibhe ag teastáil.

Céimeanna

1
Faigh duine fásta. Measc an bainne agus an t-uisce le chéile i gcrúiscín.

2
Cuir an salann agus an plúr le chéile i mbabhla.

3
Bris na trí huibhe isteach leis an bplúr. Measc le chéile iad.

4
De réir a chéile, cuir an bainne agus uisce leis.

5
Measc le chéile na comhábhair ar fad go dtí go bhfuil siad mín.

6
Fág sa chuisneoir é ar feadh uair a chloig.

7
Cuir an meascán sa friochtán agus déan cócaireacht air.

8
Bainigí taitneamh as na pancóga!

CEISTEANNA

1. **Cad atá ag teastáil?** *(What do you need?)*
2. **Cad í céim a haon?** *(What is step one?)*
3. **Cad í céim a dó?** *(What is step two?)*
4. **Cad í céim a cúig?** *(What is step five?)*
5. **Cad í céim a sé?** *(What is step six?)*

FOCLÓIR

crúiscín *jar*	bris *break*	measc *mix*
de réir a chéile *little by little*		mín *smooth*
fág sa chuisneoir é *leave it in the fridge*		
ar feadh uair a chloig *for an hour*		
friochtán *frying pan*	déan cócaireacht air *cook it*	

Cuairt ar Mhamó agus Dhaideo

Dé Domhnaigh a bhí ann.
Bhí an chlann ar fad ag teach Mhamó agus Dhaideo don lá.
'Téigí isteach chuig an seomra suite.
Tá uibheacha seacláide ann do gach duine,' a dúirt Mamó.
Chuaigh na páistí isteach.
Bhí ionadh an domhain orthu.
Bhí an seomra suite lán le gach saghas uibheacha!

CEISTEANNA

1 Cén lá a bhí ann? *(What day was it?)*
2 Cá raibh an chlann? *(Where was the family?)*
3 Céard a dúirt Mamó? *(What did Granny say?)*
4 An raibh ionadh an domhain orthu?
   (Were they very surprised?)
5 Cad a bhí sa seomra suite?
   (What was in the sitting room?)

FOCLÓIR

Dé Domhnaigh *Sunday* **don lá** *for the day*
bhí ionadh an domhain orthu *they were very surprised*
lán *full*

Boinéid Chásca

Is breá le Mamaí an Cháisc.
Buaileann sí lena cairde ar fad Domhnach Cásca.
Tagann siad go dtí mo theach.
Déanann siad maisiúcháin ar uibheacha agus ar bhoinéid.
Ansin, caitheann siad na boinéid Chásca don lá.
Itheann siad lón le chéile.
Fanann Daidí sa ghairdín don lá.

CEISTEANNA

1 An maith le Mamaí an Cháisc?
  (Does Mammy like Easter?)
2 Cé leis a mbuaileann sí? (Who does she meet?)
3 Céard a dhéanann siad? (What do they do?)
4 An itheann siad lón le chéile?
  (Do they eat lunch together?)
5 Cá bhfanann Daidí don lá?
  (Where does Daddy stay for the day?)

FOCLÓIR

boinéid Chásca *Easter bonnet*
buaileann sí lena cairde *she meets her friends*
tagann siad *they come*   maisiúcháin *decorations*
caitheann siad *they wear*   fanann Daidí *Daddy stays*

Mo Liathróidín Donn

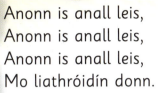

Anonn is anall leis,
Anonn is anall leis,
Anonn is anall leis,
Mo liathróidín donn.

Ó lámh go lámh leis,
Ó lámh go lámh leis,
Ó lámh go lámh leis,
Mo liathróidín donn.

Timpeall mo chinn leis,
Timpeall mo chinn leis,
Timpeall mo chinn leis,
Mo liathróidín donn.

Suas is anuas leis,
Suas is anuas leis,
Suas is anuas leis,
Mo liathróidín donn.

Síos is aníos leis,
Síos is aníos leis,
Síos is aníos leis,
Mo liathróidín donn.

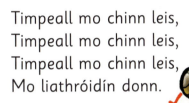

GNÍOMH
Léigh agus foghlaim an dán.

FOCLÓIR
mo liathróidín donn *my little brown ball*
anonn is anall *back and forth*
timpeall mo chinn *around my head*
suas is anuas *up and down*
síos is aníos leis *down and up*

Fear Bréige

Tá fear bréige ina sheasamh sa pháirc.
Tá seanhata dearg ar a cheann.
Tá cóta glas agus bríste corcra air freisin.
Tá cabáiste agus leitís ag fás timpeall ar an bhfear bréige.
Tá préachán ina shuí sa chrann.
Ní maith leis an bpréachán an fear bréige.
Tá an feirmeoir sona sásta.

CEISTEANNA

1. **Cá bhfuil an fear bréige?** *(Where is the scarecrow?)*
2. **Cad atá ar a cheann?** *(What is on his head?)*
3. **An bhfuil cóta gorm air?** *(Does he have a blue coat on?)*
4. **Cá bhfuil an préachán?** *(Where is the crow?)*
5. **An maith leis an bpréachán an fear bréige?** *(Does the crow like the scarecrow?)*

FOCLÓIR

fear bréige *scarecrow*	ina sheasamh *standing*
seanhata *old hat*	ag fás *growing*
préachán *crow*	feirmeoir *farmer*

Cárta Poist

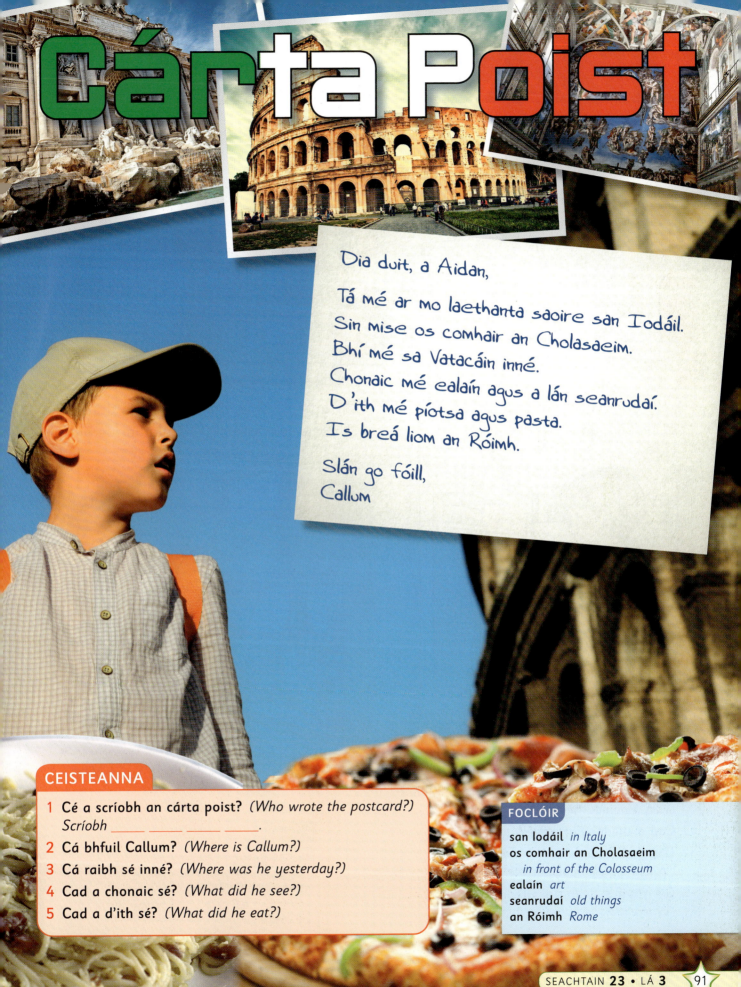

Dia duit, a Aidan,

Tá mé ar mo laethanta saoire san Iodáil.
Sin mise os comhair an Cholasaeim.
Bhí mé sa Vatacáin inné.
Chonaic mé ealaín agus a lán seanrudaí.
D'ith mé píotsa agus pasta.
Is breá liom an Róimh.

Slán go fóill,
Callum

CEISTEANNA

1. Cé a scríobh an cárta poist? *(Who wrote the postcard?)*
   Scríobh ____ ____ ____ ____.
2. Cá bhfuil Callum? *(Where is Callum?)*
3. Cá raibh sé inné? *(Where was he yesterday?)*
4. Cad a chonaic sé? *(What did he see?)*
5. Cad a d'ith sé? *(What did he eat?)*

FOCLÓIR

san Iodáil *in Italy*
os comhair an Cholasaeim *in front of the Colosseum*
ealaín *art*
seanrudaí *old things*
an Róimh *Rome*

Ar Líne

Maidin Dé hAoine a bhí ann.
Bhí Mamaí ar líne.
Bhí sí ag siopadóireacht.
Cheannaigh sí bia don chlann.

Ar a trí a chlog, bhí cnag ar an doras.
Tháinig fear isteach le málaí lán le bia.

Chuir Mamaí an t-im, an bainne agus an fheoil sa chuisneoir.

Chuir sí gach rud eile sa chófra.

CEISTEANNA

1 **Cén lá a bhí ann?** *(What day was it?)*
2 **An raibh Mamaí ag féachaint ar an teilifís?**
  (Was Mammy watching the television?)
3 **Cad a cheannaigh sí?** *(What did she buy?)*
4 **Cár chuir Mamaí an t-im, an bainne agus an fheoil?**
  (Where did Mammy put the butter, milk and meat?)
5 **Cár chuir sí gach rud eile?**
  (Where did she put everything else?)

FOCLÓIR

ar líne *online*
maidin Dé hAoine *Friday morning*
cnag ar an doras *knock on the door*
lán le bia *full of food*   sa chuisneoir *in the fridge*
sa chófra *in the press*

Mo Chorp

Seo iad mo lámha,
Seo é mo cheann,
Seo iad mo chluasa,
Tá siad glan.

Seo í mo chos,
Seo é mo bholg,
Suífidh mé síos
Ar an tolg.

Tá tuirse orm,
Am le sos,
Scuab mo fhiacla,
Gan aon strus.

Oíche mhaith,
Oíche chiúin,
Ó! Rinne mé dearmad
Ar mo ghlúin.

Le Máire Ní Dhonnabhán

GNÍOMH
Léigh agus foghlaim an dán.

FOCLÓIR
gan aon strus *no stress*

Moncaí agus an Banana

Lá breá grianmhar a bhí ann.
Chuaigh Ava agus Holly go dtí an zú.
D'fhéach siad ar na hainmhithe ar fad.
Ansin, stop siad don lón.
Bhí na moncaithe taobh thiar díobh.
Bhí banana ag Holly.
Thóg moncaí an banana agus d'ith sé é.
Thosaigh Ava ag gáire!

CEISTEANNA

1 **Cén saghas lae a bhí ann?** *(What type of day was it?)*
2 **Cá ndeachaigh Ava agus Holly?** *(Where did Ava and Holly go?)*
3 **Cé a bhí taobh thiar díobh?** *(Who was behind them?)*
4 **Céard a bhí ag Holly?** *(What did Holly have?)*
5 **Céard a rinne an moncaí?** *(What did the monkey do?)*

FOCLÓIR

taobh thiar *behind*
thóg moncaí *a monkey took*

Bróga Reatha Nua

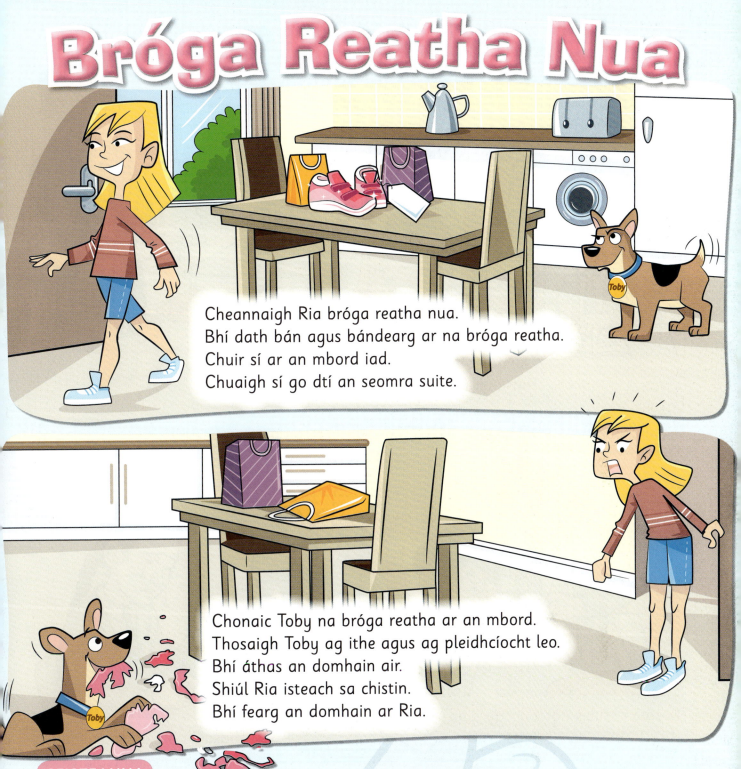

Cheannaigh Ria bróga reatha nua.
Bhí dath bán agus bándearg ar na bróga reatha.
Chuir sí ar an mbord iad.
Chuaigh sí go dtí an seomra suite.

Chonaic Toby na bróga reatha ar an mbord.
Thosaigh Toby ag ithe agus ag pleidhcíocht leo.
Bhí áthas an domhain air.
Shiúl Ria isteach sa chistin.
Bhí fearg an domhain ar Ria.

CEISTEANNA

1 Cé a cheannaigh bróga reatha nua? *(Who bought new runners?)*
2 Cén dath a bhí orthu? *(What colour were they?)*
3 Cár chuir sí iad? *(Where did she put them?)*
4 Céard a rinne Toby? *(What did Toby do?)*
5 An raibh fearg an domhain ar Ria? *(Was Ria furious?)*

FOCLÓIR

bróga reatha *runners*
ar an mbord *on the table*
ag pleidhcíocht *messing*

Scrúdú Mata

Tá scrúdú mata ag rang a trí inniu.
'Dúnaigí bhur gcuid leabhar,' a dúirt an múinteoir.
Thosaigh an rang ag obair.

Thosaigh Tara ag obair go ciúin.

Thosaigh Eoin ag obair go néata.

Thosaigh Myles ag obair go dian.

Thosaigh mé ag caoineadh.
Bhris mo pheann luaidhe!

CEISTEANNA

1. Céard atá ag rang a trí inniu? (What does third class have today?)
2. Céard a dúirt an múinteoir? (What did the teacher say?)
3. Céard a rinne Tara? (What did Tara do?)
4. Céard a rinne Eoin? (What did Eoin do?)
5. Céard a rinne Myles? (What did Myles do?)

FOCLÓIR

scrúdú mata *maths test*
dúnaigí bhur gcuid leabhar *close your books*
thosaigh *started*   go ciúin *quietly*
go néata *neatly*
ag obair go dian *working hard*
ag caoineadh *crying*

Am Lóin

CEISTEANNA

1. **Cén t-am é?** *(What time is it?)*
2. **An bhfuil Lúsaí ceart go leor?** *(Is Lúsaí okay?)*
3. **An bhfuil aon rud aici?** *(Does she have anything?)*
4. **An bhfuil cairde cineálta ag Lúsaí?** *(Does Lúsaí have kind friends?)*

FOCLÓIR

ceart go leor *okay*   rinne mé dearmad ar *I forgot*
Ar mhaith leat ceann amháin? *Would you like one?*
cairde cineálta *kind friends*

Clár Dúlra

Anocht ar 'An Zú', táimid ag féachaint ar an sioráf.
An t-ainmhí is airde ar domhan.
Tá cosa fada aige agus muineál fada freisin.
Tá sé ina chónaí san Afraic.
Itheann sé duilleoga.
Bíonn sé ina chodladh ar feadh dhá uair an chloig gach lá.

CEISTEANNA

1. Cad é an t-ainmhí is airde ar domhan? *(What is the tallest animal in the world?)*
2. An bhfuil cosa gearra aige? *(Does he have short legs?)*
3. An bhfuil muineál fada aige? *(Does he have a long neck?)*
4. Cá bhfuil sé ina chónaí? *(Where does he live?)*
5. Cad a itheann sé? *(What does he eat?)*

FOCLÓIR

clár dúlra *nature programme*
sioráf *giraffe*
is airde ar domhan *tallest in the world*
cosa fada *long legs*
muineál fada *long neck*
ar feadh dhá uair an chloig *for two hours*
gach lá *every day*

Bróga Peile Nua

CEISTEANNA

1. Cá bhfuil Cian ag dul? *(Where is Cian going?)*
2. Céard atá uaidh? *(What does he want?)*
3. An bhfuil bróga peile sa vardrús? *(Are there football boots in the wardrobe?)*
4. An bhfuil siad rómhór? *(Are they too big?)*
5. An bhfuil a fhios ag Cian cé mhéad a bheidh orthu? *(Does Cian know how much they will be?)*

FOCLÓIR

bróga peile nua *new football boots*
Cén fáth? *Why?*   róbheag *too small*
Cé mhéad a bheidh orthu? *How much will they be?*
níl a fhios agam *I don't know*

Fliuch Báite

D'éirigh Emma ar a hocht a chlog.

D'fhéach sí amach an fhuinneog. Lá fliuch agus gaofar a bhí ann.

Chuir sí a hata agus a cóta báistí uirthi.
Chuir sí buataisí uirthi freisin.

Shéid an ghaoth hata Emma suas san aer.

Bhí Emma fliuch báite.

CEISTEANNA

1. Cén t-am a d'éirigh Emma? *(What time did Emma get up?)*
2. Ar fhéach sí amach an fhuinneog? *(Did she look out the window?)*
3. Cén sórt lae a bhí ann? *(What sort of day was it?)*
4. Cad a chuir sí uirthi? *(What did she put on?)*
5. Cad a tharla ansin? *(What happened then?)*

FOCLÓIR

fliuch báite *soaking wet*
gaofar *windy*   **cóta báistí** *raincoat*
buataisí *boots*
shéid an ghaoth *the wind blew*

A Mhamaí ...

'A Mhamaí, cá bhfuil mo chás peann luaidhe?' a dúirt Kíla.
'Tá sé ar an mbord,' a dúirt Mamaí.

'A Mhamaí, cá bhfuil mo bhróga peile?' a dúirt Kevin.
'Tá siad faoin leaba sa seomra codlata,' a dúirt Mamaí.

'A Mhamaí, cá bhfuil mo thionscnamh eolaíochta?' a dúirt Leah.
'Tá sé ar an doras,' a dúirt Mamaí.

'Fan nóiméad. Cá bhfuil m'fhón?' a dúirt Daidí.

CEISTEANNA

1 Céard a dúirt Kíla? *(What did Kíla say?)*
2 Céard a dúirt Kevin? *(What did Kevin say?)*
3 Céard a dúirt Leah? *(What did Leah say?)*
4 Céard a dúirt Daidí? *(What did Daddy say?)*

FOCLÓIR

treoracha *directions*   cás peann luaidhe *pencil case*
tionscnamh eolaíochta *science project*
fan nóiméad *wait a minute*

SEACHTAIN **26** • LÁ **2**

Tornádó Jean

'Anocht ar an Nuacht.
Tá drochscéala ag teacht ó Mheiriceá.
Tá tornádó tar éis bualadh.
Tornádó Jean is ainm dó.
Tá sé i gCalifornia anois.
Tá tithe fágtha trína chéile.
Tá níos mó faoin scéal ag Máire de Paor.'

CEISTEANNA

1 Céard a bhuail Meiriceá? *(What hit America?)*
2 Cád is ainm don tornádó?
   (What is the name of the tornado?)
3 Cá bhfuil sé anois? *(Where is it now?)*
4 Cén damáiste a rinne an tornádó?
   (What damage did the tornado do?)
5 Cé aici a bhfuil níos mó faoin scéal?
   (Who has more on the story?)

FOCLÓIR

tornádó *tornado*   drochscéala *bad news*
ó Mheiriceá *from America*   tar éis bualadh *after hitting*
tithe fágtha *remaining houses*   trína chéile *in bits*
níos mó faoin scéal *more on the story*

An Deireadh Seachtaine

Beidh leadóg ar siúl maidin Dé Sathairn.

Beidh ranganna snámha ar siúl sa tráthnóna.

Ansin beidh cóisir lá breithe ar siúl san oíche.

Beidh cispheil ar siúl maidin Dé Domhnaigh.

Beidh cluiche peile ar siúl um thráthnóna.

Beidh tuirse orm ar an Luan!

CEISTEANNA

1. **Céard a bheidh ar siúl maidin Dé Sathairn?**
   (What will take place on Saturday morning?)
2. **Céard a bheidh ar siúl um thráthnóna?**
   (What will take place in the afternoon?)
3. **Céard a bheidh ar siúl oíche Dé Sathairn?**
   (What will take place on Saturday night?)
4. **Céard a bheidh ar siúl maidin Dé Domhnaigh?**
   (What will take place on Sunday morning?)
5. **Cén t-am a bheidh cluiche peile ar siúl?**
   (When will the football game take place?)

FOCLÓIR

an deireadh seachtaine	the weekend
beidh	will be
ar siúl	taking place
maidin	morning
um thráthnóna	in the afternoon
san oíche	in the night

Úlla

Féach an stór
De úlla buí
San úllord mór
Ar chúl an tí.

Comhair iad
Ar an gcrann
Féachann siad
Go hálainn ann.

Fanfaidh mé
Anseo faoin gcrann
Íosfaidh mé úll
Má thiteann ceann.

Le hE. Ó Tuathail

GNÍOMH

1. Tarraing pictiúr den dán. *(Draw a picture of the poem.)*
2. Léigh agus foghlaim an dán. *(Read and learn the poem.)*

FOCLÓIR

an stór *the store*	úllord *orchard*
ar chúl an tí *at the back of the house*	
comhair iad *count them*	
fanfaidh mé *I will wait*	íosfaidh mé *I will eat*

Cuireadh Breithe

A chara,

Tar go dtí mo chóisir!

Beidh mé naoi mbliana d'aois Dé Sathairn.
Beidh cóisir ar siúl i mo ghairdín.
Beidh preabchaisleán agus fear grinn ann.

Ag tosú: ag a dó a chlog.
Ag críochnú: ag a cúig a chlog.

Slán,
Colin

CEISTEANNA

1 Cathain a bheidh breithlá Colin ann? *(When is Colin's birthday?)*
2 An mbeidh an chóisir ar siúl sa teach? *(Will the party be in the house?)*
3 Cén t-am a thosóidh an chóisir? *(What time will the party start?)*
   Tosóidh _____.

FOCLÓIR

cuireadh breithe *birthday invitation*
beidh mé *I will be*
preabchaisleán *bouncy castle*
fear grinn *clown*   ag tosú *starting*
ag críochnú *finishing*

Ag Péinteáil

Lá geal agus tirim a bhí ann.
Bhí an chlann amuigh sa ghairdín.
Bhí Daidí agus James ag péinteáil an bhalla.
D'úsáid siad péint bhán.
Bhí Mamaí ag péinteáil an bhoird.
D'úsáid sí péint ghlas.
Bhí Sophia ag péinteáil an phota cré.
D'úsáid sí péint ghorm, bhuí agus dhearg.
Bhí an gairdín go hálainn.

CEISTEANNA

1. Cén sórt lae a bhí ann? *(What sort of day was it?)*
2. Cá raibh an chlann? *(Where was the family?)*
3. An raibh Daidí agus James ag péinteáil an tí? *(Were Daddy and James painting the house?)*
4. An raibh Sophia ag péinteáil an phota? *(Was Sophia painting the pot?)*
5. Céard iad na dathanna a d'úsáid Sophia? *(What are the colours that Sophia used?)*

FOCLÓIR

geal agus tirim *bright and dry*
amuigh *outside*
ag péinteáil an bhalla *painting the wall*
d'úsáid *used*   **an phota cré** *the clay pot*

An Gairdín Scoile

Tráthnóna Dé hAoine a bhí ann.
Bhí rang a trí amuigh sa ghairdín scoile.
Tharraing na páistí na fiailí amach.
Chuir na páistí bleibíní nua isteach sa chré.
Bhí féileacáin ildaite sa ghairdín.
Bhí an múinteoir agus na páistí an-sásta.

CEISTEANNA

1 Cén lá a bhí ann? *(What day was it?)*
2 Cá raibh rang a trí? *(Where was third class?)*
3 Céard a tharraing na páistí amach?
(What did the children pull out?)
4 Cé a chuir bleibíní nua isteach sa chré?
(Who put new bulbs into the clay?)
5 Cé a bhí an-sásta? *(Who was very happy?)*

FOCLÓIR

tharraing na páistí *the children pulled*
na fiailí *the weeds*   bleibíní nua *new bulbs*
sa chré *in the clay*   féileacáin *butterflies*
ildaite *multicoloured*

An Samhradh

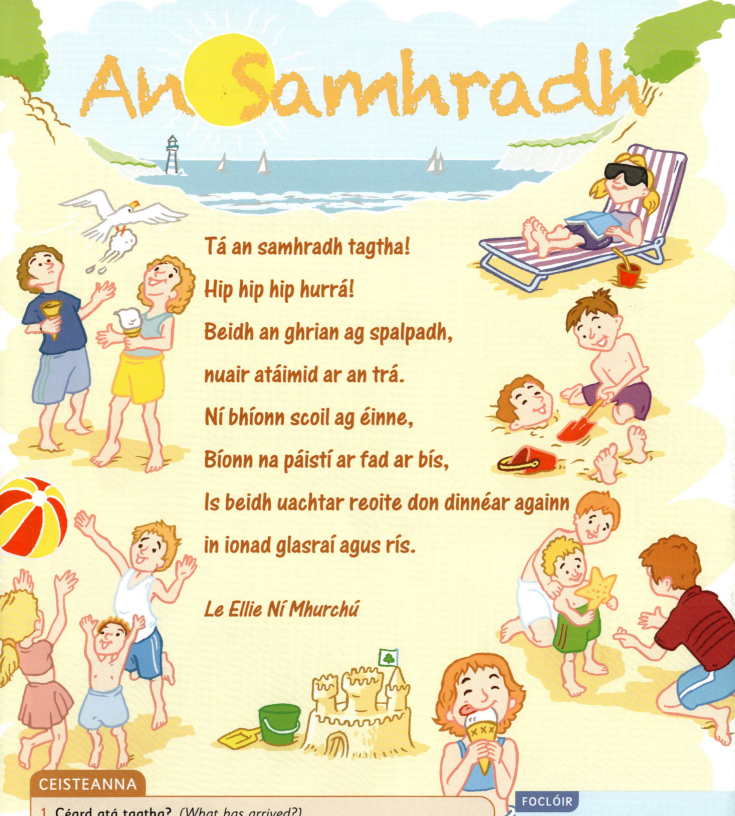

Tá an samhradh tagtha!

Hip hip hip hurrá!

Beidh an ghrian ag spalpadh,

nuair atáimid ar an trá.

Ní bhíonn scoil ag éinne,

Bíonn na páistí ar fad ar bís,

Is beidh uachtar reoite don dinnéar againn

in ionad glasraí agus rís.

Le Ellie Ní Mhurchú

CEISTEANNA

1. Céard atá tagtha? *(What has arrived?)*
2. Céard a bheidh ag spalpadh? *(What will be shining?)*
3. An bhfuil scoil ag aon duine? *(Does anybody have school?)*
4. An bhfuil na páistí ar bís? *(Are the children excited?)*
5. Céard a bheidh acu don dinnéar? *(What will they have for dinner?)*

FOCLÓIR

an samhradh *the summer*
tagtha *arrived*
ag spalpadh *burst (of sunshine)*
nuair atáimid *when we are*
in ionad *instead of*
glasraí *vegetables*

Clár Taistil

An Aoine a bhí ann.
Bhí Mamaí ag breathnú ar chlár taistil.
Thaispeáin siad an Spáinn agus an Fhrainc sa chlár.
'Féach ar na laethanta saoire áille,' a dúirt Mamaí le Daidí.
'Ar mhaith leat dul ag campáil sa Fhrainc?' a dúirt Daidí.
'Ba mhaith linn!' a scread na páistí le chéile.
Thosaigh Daidí agus Mamaí ag gáire.

CEISTEANNA

1. **Cén lá a bhí ann?** *(What day was it?)*
2. **Céard air a raibh Mamaí ag breathnú?** *(What was Mammy watching?)*
3. **Céard a thaispeáin siad?** *(What did they show?)*
4. **Céard a dúirt Mamaí?** *(What did Mammy say?)*
5. **Céard a dúirt Daidí?** *(What did Daddy say?)*

FOCLÓIR

clár taistil *travel programme*
ag breathnú *watching*
thaispeáin siad *they showed*
álainn *lovely*
a scread *screamed*

Saoire ar an Idirlíon

Siopa Taistil Tassie

Laethanta Saoire sa Samhradh

Tá saoirí san Iodáil, san Algarve agus sa Fhrainc ar sladmhargadh!

 Cliceáil ar an mbosca chun é a chur in áirithe

Coicís san Iodáil:
€380 an duine.
Dátaí: 3–17ú Meitheamh.

 Cliceáil ar an mbosca chun é a chur in áirithe

Seachtain amháin sa Fhrainc:
€180 an duine.
Mí Iúil.

 Cliceáil ar an mbosca chun é a chur in áirithe

Deich lá san Algarve:
€350 an duine.
Dátaí: 15–25ú Lúnasa.

Cuir glaoch ar Tassie i gcomhair breis eolais 053-21112873.

CEISTEANNA

1. Cad is ainm don siopa? *(What is the name of the shop?)*
2. Céard iad na tíortha a bhfuil saoirí ar sladmhargadh iontu? *(What countries are holidays on sale for?)*
3. Conas a chuireann tú in áirithe é? *(How do you reserve it?)*
4. Cá bhfuil breis eolais ar fáil? *(Where can you get more information?)*

FOCLÓIR

Idirlíon *Internet*
siopa taistil *travel shop*
ar sladmhargadh *on sale*
coicís *fortnight*
Meitheamh *June*
Iúil *July*   Lúnasa *August*
in áirithe *reserve*
breis eolais *more information*

Éadaí Samhraidh

Bhí Mamaí ag déanamh na siopadóireachta ar an Idirlíon.
Bhí éadaí ag teastáil do na laethanta saoire.
D'fhéach Mamaí agus Rosa ar chulaith shnámha.
Cheannaigh siad ceann buí agus ceann gorm.
Cheannaigh siad sé T-léinte i ndathanna éagsúla.
Cheannaigh siad cúig ghúna nua chomh maith!
'Sin an tsiopadóireacht críochnaithe!' a dúirt Mamaí.
Mhúch sí an ríomhaire.

CEISTEANNA

1 Céard a bhí Mamaí ag déanamh? *(What was Mammy doing?)*
2 Cén fáth a raibh éadaí ag teastáil? *(Why did they need clothes?)*
3 Céard a cheannaigh siad? *(What did they buy?)*
4 Céard a dúirt Mamaí? *(What did Mammy say?)*
5 Ar mhúch sí an ríomhaire? *(Did she turn off the computer?)*

FOCLÓIR

éadaí samhraidh *summer clothes*
ag déanamh *doing*
culaith shnámha *swimsuit*
ceann buí *yellow one*
ceann gorm *blue one*
i ndathanna éagsúla *different colours*
críochnaithe *finished*
ríomhaire *computer*

Sa Samhradh

Sa samhradh, bíonn an aimsir go maith.
Bíonn an ghrian ag taitneamh.
Bíonn duilleoga ar na crainn.
Bíonn bláthanna sa pháirc.
Téann daoine cois trá.
Bíonn laethanta saoire againn.
Téann daoine ar saoire.

CEISTEANNA

An mbíonn? Bíonn/Ní bhíonn …

1 An mbíonn an aimsir go maith sa samhradh? *(Is the weather good in the summer?)*
2 An mbíonn an ghrian ag taitneamh? *(Does the sun shine?)*
3 An mbíonn duilleoga ar na crainn? *(Are there leaves on the trees?)*
4 An dtéann daoine cois trá? *(Do people go to the beach?)*
5 An dtéann daoine ar saoire? *(Do people go on holidays?)*

FOCLÓIR

bíonn *there is/are*
téann *go/goes*

SEACHTAIN 29 • LÁ 1

Mála Taistil

Bhí na páistí ar bís.
Bhí siad ag dul ar a gcuid laethanta saoire.
Bhí siad sa seomra codlata ag pacáil le Mamaí.
Chuir Rosa dhá chulaith shnámha isteach sa mhála taistil.
Chuir Lucas ceithre T-léine agus dhá bhríste ghairide isteach.
Chuir Nina spéaclaí gréine agus hata mór isteach.

Chuir Daidí an mála taistil sa charr.

CEISTEANNA

1. **An raibh na páistí ar bís?** *(Were the children excited?)*
2. **Cá raibh siad ag dul?** *(Where were they going?)*
3. **An raibh siad ag pacáil le Daidí?** *(Were they packing with Daddy?)*
4. **Cad a chuir Rosa isteach sa mhála taistil?** *(What did Rosa put into the suitcase?)*
5. **Cár chuir Daidí an mála taistil?** *(Where did Daddy put the suitcase?)*

FOCLÓIR

- mála taistil *suitcase*
- ag pacáil *packing*
- bríste gairide *shorts*
- spéaclaí gréine *sunglasses*

Ceolchoirm na Scoile

Tá fáilte romhat.

Tá ceolchoirm ar siúl sa scoil anocht.
Tá na páistí ar bís.
Tá an tUasal Bairéid os comhair na scoile.
Tá sé ag cur fáilte roimh gach duine.

Tá Lúsaí agus na páistí sa seomra ranga ag gléasadh suas.

Tá na tuismitheoirí agus a gcairde ina suí sa halla.
Tá gach duine réidh.

CEISTEANNA

1. Cad atá ar siúl sa scoil anocht? *(What is on in the school tonight?)*
2. An bhfuil na páistí ar bís? *(Are the children excited?)*
3. Cá bhfuil an tUasal Bairéid? *(Where is Mr Barrett?)*
4. Cá bhfuil Lúsaí? *(Where is Lúsaí?)*
5. An bhfuil gach duine réidh? *(Is everyone ready?)*

FOCLÓIR

anocht *tonight*
os comhair *in front of*
ag cur fáilte roimh *welcoming*
ag gléasadh suas *dressing up*
tuismitheoirí *parents*
réidh *ready*

SEACHTAIN 29 • LÁ 3

San Aerfort

Shroich an chlann an t-aerfort ar a trí a chlog.

Brostaigí, brostaigí.

Rith siad ar nós na gaoithe go dtí an geata.

Shroich siad an geata.
Thug Daidí na ticéid don aeróstach.

Tá brón orainn.

Tá sibh ceart go leor, níl an t-eitleán réidh.

CEISTEANNA

1. Ar shroich an chlann an t-aerfort ar a cúig a chlog?
   (Did the family reach the airport at 5 o'clock?)
2. Ar rith siad ar nós na gaoithe go dtí an geata?
   (Did they run as fast as the wind to the gate?)
3. Cad a thug Daidí don aeróstach?
   (What did Daddy give to the flight attendant?)
4. An raibh an t-eitleán réidh? (Was the aeroplane ready?)

FOCLÓIR

shroich *reached*   brostaigí *hurry*
ar nós na gaoithe *as fast as the wind*
aeróstach *flight attendant*
tá sibh ceart go leor *it is all right*

Pacáiste sa Phost

Cheannaigh Rosie éadaí ar an Idirlíon.
Bhí siad ag teacht sa phost inniu.
Chuala Rosie cnag ar an doras.
D'oscail Daidí an doras.
Bhí fear an phoist ina sheasamh ann le pacáiste an-mhór.
Bhí Rosie ar bís.
'Tá an pacáiste duit Rosie. Tá d'ainm air,' arsa fear an phoist.
'Cad atá sa phacáiste?' arsa Daidí.
'Tá éadaí nua do mo laethanta saoire ann,' arsa Rosie.

CEISTEANNA

1 Céard a cheannaigh Rosie? *(What did Rosie buy?)*
2 Céard a chuala Rosie? *(What did Rosie hear?)*
3 Cé a d'oscail an doras? *(Who opened the door?)*
4 Céard a dúirt fear an phoist? *(What did the postman say?)*
5 Céard a dúirt Rosie? *(What did Rosie say?)*

FOCLÓIR

pacáiste *package*   ag teacht *coming*
cnag *knock*   ina sheasamh *standing*
an-mhór *very big*

Cloisim le mo Chluasa

Tá Susan ina suí cois trá.
Dúnann sí a súile.
Éisteann sí leis na fuaimeanna timpeall uirthi.
Cloiseann sí na héin ag canadh.
Cloiseann sí páistí ag spraoi is ag gáire.
Cloiseann sí an fharraige.
Tá sí sona sásta leis an saol.

CEISTEANNA

1. Cá bhfuil Susan? *(Where is Susan?)*
2. Céard a dhúnann sí? *(What does she close?)*
3. Céard leis a n-éisteann sí? *(What does she listen to?)*
4. Céard a chloiseann sí? *(What does she hear?)*
5. An bhfuil sí sona sásta? *(Is she happy?)*

FOCLÓIR

cloisim le mo chluasa *I hear with my ears*
cois trá *beside the sea*   dúnann sí *she closes*
éisteann sí *she listens*   fuaimeanna *sounds*
timpeall uirthi *around her*
cloiseann sí *she hears*   leis an saol *with life*

Turas Campála

Chuaigh rang a trí ar thuras scoile ar an Aoine.
Chuaigh siad ag campáil sa choill.
Chuir siad suas na pubaill.
Bhailigh siad adhmad.
Las na múinteoirí tine champa agus rinne siad an dinnéar.
I ndiaidh an dinnéir, d'ól na páistí seacláid the agus d'inis siad scéalta.

CEISTEANNA

1. Cé a chuaigh ar thuras scoile? *(Who went on a school trip?)*
2. Cá ndeachaigh siad? *(Where did they go?)*
3. Céard a bhailigh siad? *(What did they collect?)*
4. Ar las na páistí an tine champa? *(Did the children light the campfire?)*
5. Céard a rinne siad i ndiaidh an dinnéir? *(What did they do after dinner?)*

FOCLÓIR

turas campála *camping trip*
sa choill *in the wood*
na pubaill *the tents*
bhailigh siad *they collected*
adhmad *wood*
las na múinteoirí *the teachers lit*
tine champa *campfire*
d'inis siad scéalta *they told stories*

Saoire an tSamhraidh

Inniu an lá deireanach do rang a trí.
Tá na páistí ar fad ar bís.
Tá lá gan éide scoile acu.
Beidh cóisir acu sa rang i diaidh am lóin.
Tá scannán ag Bean Uí Rí don rang.
Ag am dul abhaile, tugann na páistí bronntanais do Bhean Uí Rí.
'Go raibh míle maith agaibh,' a dúirt sí.

CEISTEANNA

1 **Cén lá atá ann?** *(What day is it?)*
2 **An bhfuil na páistí ar fad ar bís?** *(Are the children all excited?)*
3 **An bhfuil lá gan éide scoile acu?** *(Do they have a no uniform day?)*
4 **Céard atá ag Bean Uí Rí don rang?**
    (What does Mrs King have for the class?)
5 **Céard a tharlaíonn ag am dul abhaile?**
    (What happens at hometime?)

FOCLÓIR

lá deireanach *last day*
ag am dul abhaile *at hometime*
i diaidh am lóin *after lunchtime*